A konyv amely elmondja az igazsagot

Rael

Tartalomjegyzék

1

A Találkozás

Kilenc éves korom óta csak egy szenvedélyem volt: az autósport. Három évvel ezelőtt alapítottam egy erre szakosított folyóiratot pusztán azért, hogy ezen izgalmas közegben élhessek, ahol az ember önmagán próbál túltenni azáltal, hogy fölülmúl másokat. Zsenge gyermekkorom óta arról álmodoztam, hogy egyszer autóversenyző leszek, és már Fangio nyomdokában láttam magam. Az általam alapított újságnál szerzett összeköttetéseknek köszönhetően magam is versenyezhettem, elég jó eredménnyel, így most vagy tíz kupa díszíti lakásomat.

1973. december 13. reggelén azért mentem Clermond-Ferrand vulkánjaihoz, hogy egy kicsit levegőzzem, nem pedig autózni. A lábaim is zsibbadoztak már egy év után, mivel egyik pályáról a másikra követve a versenyeket, szinte állandóan négy keréken éltem.

A levegő friss volt, az ég szürkés, ködös háttérrel. Sétáltam és egy kicsit kocogtam. Letértem az útról ahol autómat hagytam és kitűztem célul, hogy egészen a "Puy-de-Lassolas" kráter közepéig megyek, ahova nyáron gyakran járok a családdal kirándulni. Milyen csodálatos és izgalmas hely ez. Belegondolni, hogy íme néhány-ezer éve, hihetetlenül magas hőmérsékletű láva folyt itt mindenütt... A salakban még mindig lehet találni nagyon tetszetős vulkáni kőzeteket A csenevész növényzet egy kicsit Provence-ra emlékeztet, kevesebb napsütéssel... Visszafelé indultam és még egy utolsó pillantást vetettem a salakból felhalmozódott kör alakú hegyek csúcsára. Mennyit szórakoztam azelőtt, amikor ezeken a meredek lejtőkön csúszkáltam, mintha síelnék. Hirtelen villogó, vörös fényt vettem észre a ködben, aztán valami helikopter félét, mely leszállóban volt felém. De egy helikopter zajt csinál, én pedig nem hallottam semmit, még a leghalkabb búgást sem. Hőlégballon lenne?

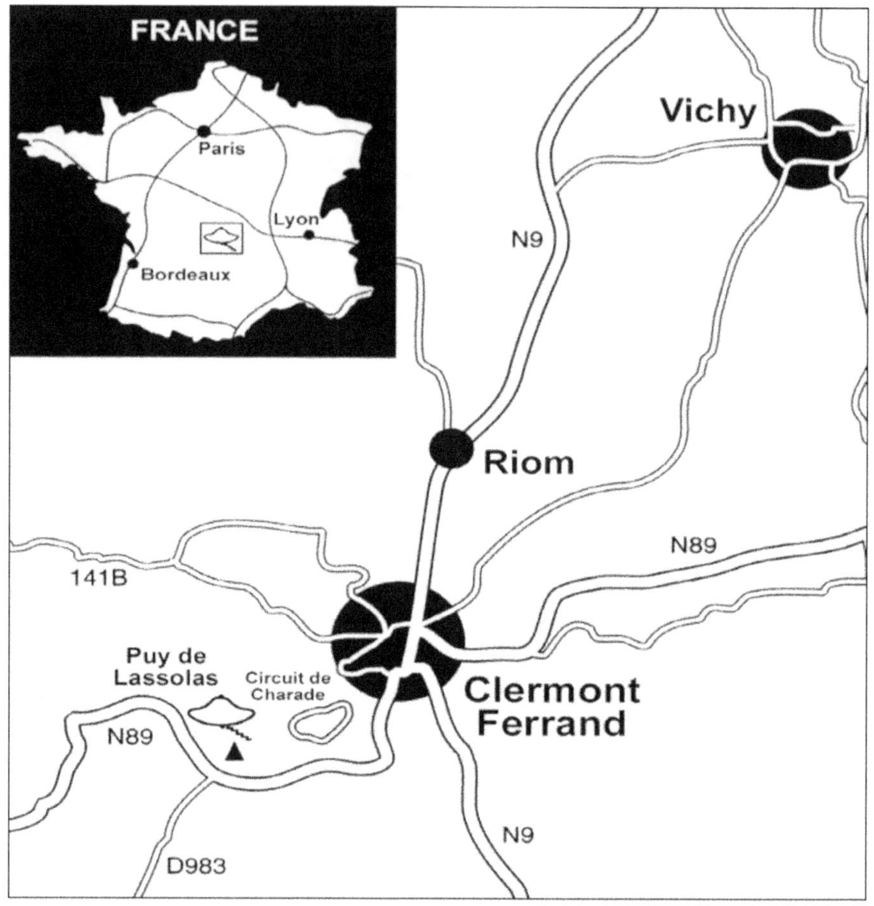

Rael első találkozásának helyszíne: Puy-De-Lassolas,
Clermont-Ferrand közelében, 1973. december 13.

A tárgy most kb. 20 m-re volt a földtől és most már látható volt, hogy lapos. Egy repülő csészealj! Már régóta határozottan hittem létezésükben, de soha nem reméltem, hogy egy napon én magam is látok majd egyet. Kb. hét méter átmerőjű, két és fél méter magas, alul lapos, felül kúp alakú volt. Alján bántóan erős, vörös fény villogott, a tetején pedig a fényképezőgép villanójára emlékeztető, pislogó fehér fény volt. Ez a fehér fény annyira erős volt, hogy nem tudtam hunyorgás nélkül belenézni. A szerkezet hangtalanul tovább ereszkedett, és két méterrel a föld fölött megállapodott. Szinte kővé meredve, teljesen mozdulatlanul álltam. Félelem helyett öröm töltött el, hogy megélhettem ezt a pillanatot. Nagyon sajnáltam, hogy nem volt nálam fényképezőgép. Aztán hihetetlen dolog történt. A szerkezet alján kinyílt egy ajtó és egyfajta lépcső ereszkedett le a földig. Megértettem, hogy egy lény fog megjelenni és kíváncsi voltam formájára. Előbb két láb jelent meg, majd két comb ami kissé megnyugtatott, hogy egy emberi lénnyel lesz dolgom. Akit először gyereknek véltem, végül is teljesen megjelent és egyenesen felém tartott. Később láttam, hogy kb. 1,20m.-es magassága ellenére nem egy gyermek volt. Enyhén vágott szemei voltak hosszú fekete haja és kis fekete szakálla. Kb. tíz méterre tőlem megállt. Nem mozdultam. Egy darabból készült zöldes színű kezes-lábast viselt mely egész testét befedte, s jóllehet feje szabadnak látszott, valójában ezt különös fénybúra vette körül. Nem is egészen fénybúra, de mintha a levegő enyhén csillogott és vibrált volna a feje körül. Olyan volt mint egy láthatatlan szkafander, mint egy alig látható vékony búra. Bőre fehér volt, de kissé zöldbe hajló, mint egy májbetegé. Kedvesen rám mosolygott. Úgy gondoltam legjobb ha viszonzom. Nyugtalan voltam. Én is mosolyogtam s köszönés -képpen kissé meghajtottam fejem. Ő is így tett. Mivel meg akartam tudni ért-e engem, megkérdeztem: *Honnan jön?*

Erőteljes, jól artikulált de kissé orrhangon válaszolt.

– *Nagyon messziről…*

– Beszél franciául?

– *A világ összes nyelvét beszélem,*

– Egy másik bolygóról jön?

– *Igen.*

Beszéd közben kb. két méterre megközelített.

– *Az első alkalom, hogy a Földre jönnek?*

– Ó, dehogy!

– *Sokszor jöttek már ide?*

– Nagyon sokszor…ez a legkevesebb amit mondhatunk.

– *Miért jönnek ide?*

– Ma azért, hogy Önnel beszéljek.

– *Velem?*

– Igen, Önnel, Claude Vorilhon, egy kis autóversenyzési magazin kiadója, nos, két gyermek apja.

– *Honnan tudják mindezt?*

– Már régóta figyeljük magát.

– *Miért engem?*

– Éppen erről akarok Önnel beszélni. Miért jött ide ezen a hideg téli reggelen?

– *Nem tudom… kedvem volt egy kis sétára a szabad levegőn…*

– Gyakran jön ide?

– *Nyáron igen, de ebben az évszakban gyakorlatilag soha.*

– Akkor ma miért? Már régóta eltervezte ezt a sétát?

– *Nem. Nem tudom. Ma reggel amikor felébredtem hirtelen kedvem támadt idejönni.*

– Azért jött mert én látni akartam Önt. Hisz a telepátiában?

– *Igen, természetesen. Ez egy olyan téma ami mindig érdekelt, mint minden ami -ahogy az emberek nevezik- a repülő csészealjakkal foglalkozik. Soha nem gondoltam volna, hogy én magam is látni fogok egyet.*

– Nos, a telepátiát használtam fel, hogy Önt idehívjam. Sok mondanivalóm van… Olvasta már a Bibliát?

– *Igen, miért kérdezi?*

– Már régen olvasta?

– *Nem csak néhány napja vettem meg.*

– Miért?

– *Nem tudom. Hirtelen kedvem támadt elolvasni.*

– Ezt is a telepátia útján vetettem meg Önnel. Sok mondanivalóm van, mert egy nehéz küldetésre választottam ki Önt. Jöjjön a gépembe ott majd kényelmesebben beszélgethetünk.

Követtem és felmentem a kis lépcsőn a szerkezetbe. Közelebbről nézve, ez egy lapos harangra hasonlított, melynek alja telt és domború. A belsejében két fotel volt egymással szemben és a hőmérséklet még nyitott ajtóval is kellemes volt. Lámpát nem láttam, de egy természetes fény áradt mindenhonnan. Semmiféle pilótakabinra emlékeztető műszerfal nem volt a gépben. A padló enyhén kékes színű, szikrázó ötvözet volt. Mikor leültem a nagyobbik fotelba, amely egyetlen áttetsző, színtelen anyagból készült és nagyon kényelmes volt, a kis ember velem szemben helyezkedett el egy, az enyémhez hasonló, de kisebb és magasabbra helyezett ülésen úgy, hogy az arca az enyémmel egy magasságba kerüljön. Akkor megérintette a fal egy darabját és a készülék, alját és csúcsát kivéve, átlátszóvá vált.

Mintha a szabadban lettünk volna, csak kellemes melegben. Ajánlotta, hogy vegyem le a kabátomat, amit megtettem mire o beszélni kezdet. Nagyon sajnálja, hogy nincs Önnél fényképezőgép, hogy bizonyítékokkal is szolgálhasson, amikor majd elmeséli beszélgetésünket az embereknek?

— *Természetesen.*

— Figyeljen rám! El fogja nekik mondani a valóságot arról, hogy kik ok és hogy mi kik vagyunk. Reakciójukból meglátjuk, hogy mutatkozhatunk-e előttük szabadon és hivatalosan. Várjon, hogy tudjon mindent mielőtt beszélni kezd nekik, hogy megfelelően tudjon védekezni azokkal szemben akik nem hisznek majd Önnek és, hogy kétségtelen bizonyítékokat tudjon felmutatni. Jegyzeteljen le mindent amit mondok és mindezt csoportosítva adjon ki egy könyvet.

— *Miért választottak engem*

— Több okból. Először is szükségünk volt valakire aki egy olyan országban él, ahol az új ötleteket könnyen fogadják és ezért könnyű ezeket kinyilatkoztatni. Franciaország az, ahol a demokrácia született és az egész világon az a híre, hogy ez a szabadság országa. Aztán szükségünk volt valakire, aki intelligens és nyitott gondolkodású. Végül és főképpen egy olyan emberre volt szükségünk, aki szabad gondolkodású anélkül, hogy vallásellenes lenne. Mivel zsidó apától és katolikus anyától született, maga az ideális összeköttetés a világtörténelem két nagyon fontos népe között. Másrészt, foglalkozása nem készteti arra, hogy hihetetlen kinyilatkoztatásokat tegyen, ami szavait hitelesebbé teszi a nagyközönség számára. Mivel nem a tudomány terén dolgozik, nem fogja komplikálni a dolgokat, hanem egyszerű magyarázatokat ad majd. Végül pedig úgy döntöttünk, hogy olyan valakit választunk, aki az 1945-ös első atomrobbanás után született. Ön 1946-ban jött világra. Még születése előtt ismertük magát, ezért választottuk Önt. Van más kérdése?

— *Honnan jönnek?*

— Egy távoli bolygóról, melyről most nem mondok semmit attól tartva, hogy ha a Földiek nem elég bölcsek, megzavarhatják nyugalmunkat.

— *Ez nagyon messze van?*

— Nagyon messze. Ha megmondom Önnek a távolságot megérti, hogy nem juthatnak el oda a jelenlegi tudományos és technikai ismereteikkel.

— *Hogyan nevezik magukat?*

— Emberek vagyunk mint maguk, és egy, a Földhöz nagyon hasonló bolygón élünk.

— *Mennyi időbe telik Önöknek, hogy a földre jöjjenek?*

— Gondolatnyi időbe…

— *Miért jönnek a Földre?*

— Hogy megtudjuk hol tartanak az emberek és felügyeljünk rájuk. Ok a jövő, mi vagyunk a múlt.

— Sokan vannak?

— Többen mint maguk.

— *Szeretnék elmenni bolygójukra. Lehetséges ez?*

— Nem. Először is nem tudna ott élni. A légkör nagyban különbözik a földitől, s Ön nincs felkészülve arra, hogy elviselje az utazást.

— *Miért itt találkozunk,*

— Mert egy vulkán krátere ideális hely arra, hogy eltakarjon a tolakodó tekintetektől. Most mennem kell. Jöjjön vissza holnap a Bibliával ugyanebben az időben, és hozzon magával egy jegyzetfüzetet. Ne hozzon semmi fémes tárgyat s ne beszéljen senkinek a beszélgetésünkről, különben nem láthatjuk újra egymást.

Hagyta, hogy lemenjek a kis lépcsőn, odaadta kabátomat és búcsút intett. A lépcső felemelkedett, az ajtó hang nélkül bezárult, és még mindig a legkisebb duruzsolás nélkül a gép finoman felemelkedett kb. 400m-ig, majd eltűnt a ködben.

2

Az Igazság

A teremtés

Másnap megjelentem a találkozón jegyzetfüzetemmel, tollammal és a Bibliával. A megbeszélt időben a gép megjelent és ott találtam magam ugyanazzal a kis emberrel aki hívott, hogy foglaljak helyet a kényelmes fotelban. Senkinek sem beszéltem minderről, még a hozzátartozóimnak sem, és o örült, hogy diszkrét voltam. Kért, hogy jegyzeteljek és beszélni kezdett :

Nagyon régen, a mi távoli bolygónkon az emberek elértek egy olyan tudományos és technikai szintre, melyet maguk is elérnek nemsokára. Primitív és embrionális életformákat, élő sejteket kezdtek előállítani lombikban. Ez mindenkit fellelkesített. Tökéletesítették technikájukat és furcsa kis állatokat kezdtek teremteni. Ekkor bolygónk közvéleménye és a kormány betiltotta e kísérletek folytatását, szörnyek teremtését, melyek veszélyessé válhattak a közösségre. Valóban, ezen állatok egyike elszabadult és több áldozatot ejtett. Mivel ezzel párhuzamosan a bolygóközi és intergalaktikus kutatások is haladtak, úgy döntöttek, hogy egy olyan távoli bolygón fogják folytatni kutatásaikat, mely nagyjából megfelel minden feltételnek. A Földet választották, ahol Önök élnek. És most kérném vegye elő a Bibliát, ahol megtalálhatja az igazság nyomait, amit természetesen a másolók eltorzítottak, mivel nem volt elegendő technológiai ismeretük ahhoz, hogy megértsék, így mindezt titokzatosnak és természetfelettinek tulajdonították.

A Bibliának egyedül azon részei fontosak, melyeket majd megmagyarázok. A többi csak költői fecsegés, így nem beszélek róla.

De el kell ismernünk, hogy annak a törvénynek köszönhetően, mely kimondta, hogy a Bibliát minden változtatás nélkül kell másolni, beleértve a legkisebb ékezeteket is, a szöveg mély értelme megmaradt akkor is, ha az évezredek folyamán mindez feltöltődött titokzatos és felesleges mondatokkal.

Nézzük először is a Teremtés első fejezetét:

"Kezdetkor teremtette Elohim az eget és a földet" *Teremtés I–2*

Elohim, néhány Bibliában pontatlanul "Isten"-ként fordítva, héberül azt jelenti "Ők akik az égből jöttek", s mint jól látható, több személyt takar. Ez azt jelenti, hogy a mi bolygónkról jött tudósok először megkeresték a terveik kivitelezéséhez legmegfelelőbbnek tűnő bolygót. "Megteremtették", valójában felfedezték a Földet és meggyőződtek arról, hogy az élet mesterséges előállításához szükséges összes fontos tényező megtalálható rajta annak ellenére, hogy a légkör nem volt teljesen azonos az övékével.

"…és Elohim lelke lebegett a vizek fölött" *Teremtés I–2*

Felderítő utakat tettek és műholdakat állítottak Föld körüli pályára azért, hogy a bolygó összetételét és légkörét tanulmányozzák.

Akkoriban, a Föld egész felületét víz és sűrű köd borította.

"Elohim látta, hogy a világosság jó." *Teremtés I–4*

Azt is tanulmányozni kellett, hogy a Nap nem bocsájt-e ki az élet teremtéséhez káros sugarakat. Úgy bizonyult, hogy a Nap megfelelően melegíti a Földet, ártalmas sugarak nélkül.

"…a világosság jó volt"

"Azután este lett és reggel: az első nap." *Teremtés, I–5*

Ezek a tanulmányok sok időt vettek igénybe. A "nappal" annak az időnek felel meg, mialatt a maguk napja a tavaszi nap-éj egyenlőség ugyanazon jele alatt kel fel, vagyis kb. kétezer földi év.

"Elohim megalkotta a szilárd boltozatot, és elválasztotta vele a boltozat fölötti és a boltozat alatti vizeket." *Teremtés, I–7*

A felhők feletti kozmikus sugárzás megfigyelése után leereszkedtek a felhők alá, de még mindig a víz felett maradva. A két víz között: felül a felhők, alul az óceán mely az egész Földet borította.

"Gyűljenek össze az ég alatti vizek egy helyre és emelkedjék ki a száraz." *Teremtés, I–9*

Miután tanulmányozták az óceán felszínét, a víz mélyét is átvizsgálták és megfigyelték, hogy az nem túl mély és a fenék nagyjából egyenletes mindenhol. Ekkor, nagy robbantások segítségével, melyek egyfajta buldózer munkát végeztek, a tengerek mélyéről felhozott anyagot egy helyre gyűjtötték, s ezzel kialakították a kontinenst. Eredetileg csak egy kontinens volt a Földön és az Önök tudósai is felismerték, hogy a szétcsúszott földrészek egymásba illenek és egy egészet alkotnak.

"Teremjen a föld zöldellő növényeket, amelyek termést hoznak, és fákat amelyek magot rejtő gyümölcsöket teremnek a földön." *Teremtés, I–11*

Ekkor növényi sejteket kezdtek alkotni ebben a csodálatos és hatalmas laboratóriumban kizárólag kémiai anyagokból kiindulva. Ez különféle növényeket eredményezett. Minden erejüket e növények szaporodási képességének fejlesztésére fordították. Ennek az általuk "gyártott" néhány fűszálnak szaporodnia kellett. Több kutatócsoportban szétszóródtak ezen a hatalmas szárazföldön és mindegyik, saját klímáját és ihleteit követve, különböző növényeket alkotott. Rendszeresen összegyűltek, hogy összehasonlítsák kutatásaikat és alkotásaikat. A távolból, bolygójuk lelkesedéssel és csodálattal követte munkájukat. A legkiválóbb művészek csatlakoztak a tudósokhoz, hogy bizonyos növényeknek, küllemük vagy illatuk által kizárólag díszítő jelleget adjanak.

> "Legyenek világító testek az égbolton s válasszák el a nappalt az éjszakától. Ezek határozzák meg az ünnepeket a napokat és az éveket." *Teremtés, I–14, I–15*

A csillagok és a nap megfigyelésével sikerült megállapítaniuk a napok, hónapok és évek hosszát a Földön, ami arra szolgált, hogy átállítsák életüket ehhez az övékétől annyira különböző bolygóhoz, ahol a napoknak és éveknek hossza teljesen más volt mint az O bolygójukon. A csillagászati tanulmányok lehetővé tették, hogy pontosan meghatározzák helyzetüket és jobban megismerjék a Földet.

> "A vizek teljenek meg élőlények sokaságával, az égen, a föld felett pedig röpködjenek madarak." *Teremtés, I–20*

Azután megalkották az első vízi állatokat. A planktonoktól a kis halakig, majd egészen nagy halakat is. Hogy ez a kis világ ne pusztuljon el, megteremtették az algákat amivel a kis halak táplálkoznak, a nagy halakat, hogy megegyék a kisebbeket stb. Úgy, hogy létrejöjjön egy természetes egyensúly és, hogy az egyik fajta ne pusztítsa el a másikat amelyre táplálkozásához szüksége van. Nagyjából ezt nevezik most biológiai egyensúlynak. Ez sikerrel járt. Gyakran összegyűltek és versenyeket rendeztek, hogy kiválasszák azt a tudóscsoportot, mely a legérdekesebb és legszebb állatokat teremtette. A halak után megalkották a madarakat, meg kell vallani, a művészek nyomására, akik egyébként nagy lelkesedéssel adták az állatoknak a legmeglepőbb színeket és formákat, melyek néha még repülni sem tudtak nagyon díszes de terjedelmes tollazatuk miatt. A versenyek még messzebbre mentek, a formák után megváltoztatták az állatok párosodás előtti viselkedését, hogy azok csodálatosnál csodálatosabb párzási táncot járjanak. Más tudóscsoportok azonban ijesztő állatokat, szörnyeket teremtettek, ami alátámasztotta azok véleményét, akik nem akarták, hogy a tudósok kísérleteiket saját bolygójukon valósítsák meg. Sárkányokat, amiket maguk Dinoszauruszoknak kereszteltek, vagy más Brontoszauruszokat stb. hoztak létre.

> "Hozzon elő a föld élőlényeket fajuk szerint: háziállatokat, csúszómászókat, és mezei vadakat fajuk szerint." *Teremtés, I–24*

A tengerek és a levegő élőlényei után megalkották a szárazföldi állatokat egy olyan Földön, ahol a növényzet addigra csodálatossá vált. A növényevők számára volt táplálék. Aztán megalkották a húsevőket azért, hogy kiegyensúlyozzák a növényevők népességét. Itt is fontos volt, hogy a fajok egyensúlyban legyenek. Ezek az emberek arról a bolygóról jöttek ahonnan én jövök. Egyike vagyok azoknak, akik az életet megteremtették a Földön.

Ekkor történt, hogy a legügyesebbek közülünk, hozzánk hasonló embert akartak teremteni mesterséges úton. Mindegyik csoport munkához látott, és hamarosan össze tudtuk hasonlítani teremtményeinket. De a mi bolygónk lakói felháborodtak azon, hogy "lombik bébiket" csináltunk, és félő volt, hogy ez pánikot kelthet köreikben. Attól féltek, hogy ezek az emberek veszélyt jelenthetnek számukra, ha tudásuk és képességeik jobbnak bizonyulnak a teremtőkénél El kellett köteleznünk magunkat, hogy primitív állapotban hagyjuk őket élni és semmit nem tárunk fel nekik a tudományokból s, hogy cselekedeteinket titokzatossá tesszük. A tudóscsoportok számát könnyű felismerni; minden egyes emberi faj egy csoportnak felel meg.

> "Teremtsünk embert képmásunkra, magunkhoz hasonlóvá.
> Ok uralkodjanak a tengerek halai, az ég madarai, a háziállatok,
> a mezei vadak és az összes csúszómászó fölött, mely a földön
> mozog." *Teremtés, I–26*

Képmásunkra! Meggyőződhet róla, hogy a hasonlóság megkapó. Ekkor kezdődtek problémáink. A csoport, mely azon a területen tartózkodott, melyet ma Izraelnek neveznek és mely annak idején nem volt messze Görögországtól és Törökországtól az akkor még egységes kontinensen, az egyik legkitűnőbb volt. Az o állataik voltak a legszebbek és az o növényeik a legillatosabbak. Ez volt az a hely amit maguk földi paradicsomnak neveznek. És az itt teremtett ember volt a legintelligensebb. Ugyanakkor kénytelenek voltak úgy intézni, hogy a teremtett ne tegyen túl a teremtőn. El kellett zárni a tudományos ismeretektől, ugyanakkor tanítani kellett, hogy fel tudják mérni értelmi képességeit.

> "…a kert minden fájáról ehetsz. De a jó és a rossz tudás fájáról ne
> egyél, mert amely napon eszel róla, meghalsz." *Teremtés, II–16*

Ami azt jelenti: mindent megtanulhatsz amit akarsz, elolvashatsz minden könyvet amit itt találsz, de ne nyúlj a tudományos könyvekhez, mert különben életeddel fizetsz érte.

> "…megteremtette még a földből a mező összes állatát s az ég
> minden madarát. Az ember elé vezette őket, hogy lássa milyen
> nevet ad nekik." *Teremtés, II–19*

Az embernek meg kellett ismernie az őt körülvevő növényeket és állatokat, azok életformáját s annak módját, miként juthat élelemhez általuk. A teremtők megtanították neki mindannak nevét és képességeit ami körülvette, a növénytant és állattant, mivel ez nem volt veszélyes számukra. Képzelje el annak a tudóscsoportnak az örömét, melynek két gyermeke volt, hím és nőnemű, akik köztük szaladgáltak és akiknek mindent megtanítottak amihez kedvük volt.

> " A kígyó…mondta az asszonynak…a kert közepén álló fa
> gyümölcsétől …nem fogtok meghalni. Elohim jól tudja, hogy

amely napon abból esztek, szemetek felnyílik, olyanok lesztek mint Elohim..." *Teremtés, III–1, III–5*

E csoport néhány tudósa, akik mélységesen szerették az o kis embereiket, az o "teremtményeiket", teljesen ki akarták tanítani gyermekeiket, tudósokká formálni őket, mint ok maguk. Azt mondták e fiatal embereknek, kik már csaknem felnőttek voltak, hogy folytathatják tudományos tanulmányaikat és ezáltal egyenlővé válhatnak teremtőikkel.

"Erre felnyílt a szemük, észrevették, hogy meztelenek."
Teremtés, III–7

Ekkor megérették, hogy ok maguk is teremtőkké válhatnak, és nehezteltek apáikra, amiért megtiltották nekik a tudományos könyvek olvasását, veszélyes kísérleti állatokként kezelve őket

"Elohim így szólt a kígyóhoz: ...átkozott leszel.... Hasadon csúszol és a föld porát eszed életed minden napján." *Teremtés, III–14*

A "kígyó", ez a kis tudóscsoport, akik el akarták mondani Ádámnak és Évának az igazságot, arra lettek ítélve bolygójuk kormánya által, hogy a Földön éljenek száműzetésben, a többi csoportnak pedig le kellett állítania kísérleteit és elhagynia a Földet.

"Elohim pedig bőrből ruhát készített az embernek és feleségének s felöltöztette őket". *Teremtés, III–21*

A teremtők megadták nekik a fennmaradáshoz szükséges alapvető eszközöket, melyekkel önállóan boldogulhattak az o segítségük nélkül. A Biblia itt majdnem teljesen érintetlenül megőrzött egy mondatot az eredeti dokumentumokból.

"Lám az ember olyan lett, mint egy közülünk. De nem fogja kinyújtani kezét, hogy az élet fájáról is vegyen, egyék és örökké éljen." *Teremtés, III–22*

Az emberi élet nagyon rövid, de létezik egy tudományos módszer meghosszabbítására. Egy tudós, aki egész életében tanul, öregkorára halmoz fel elegendő ismeretet ahhoz, hogy érdekes felfedezéseket tegyen…ez okozza az emberiség ilyen lassú fejlődését. Ha az emberek tízszer ilyen hosszú ideig élhetnének, hatalmas tudományos haladásra lenne mód. Ha kezdettől fogva ilyen hosszú életűek lettek volna, nagyon hamar egy szintre kerültek volna velünk, mivel képességeik valamivel a mieink fölött vannak. Ok azonban nincsenek tisztában képességeikkel. Különösen Izrael népe, melyet az előzőleg említett versenyen a zsűri a legjobban sikerült emberi fajtának ítélt intelligenciája és tehetségei végett. Ez magyarázza, hogy ez a nép mindig Isten kiválasztott népének tartotta magát.

Valóban, ez volt a kiválasztott nép amikor a tudósok összegyűltek, hogy elbírálják munkájukat. Önök is megfigyelhették egyébként a zsenik számát, melyeket ez a nép nemzett.

"Amikor az embert elűzte, az Éden kertjétől keletre odaállította a kerubokat és a fenyegető tüzes kardot, hogy őrizzék az élet fájához vezető utat." *Teremtés, III–24*

A teremtők rezidenciájának bejárata elé nukleáris sugárpisztollyal felszerelt katonákat állítottak annak megakadályozására, hogy az emberek további tudományos ismeretekhez juthassanak.

Az Özönvíz

Ha előre lapozunk a *Teremtés, IV-be*:

"…Káin a föld terméséből áldozatot mutatott be Jahvénak…
Ábel is nyája zsenge bárányaiból…" *Teremtés, IV–3*

A száműzött teremtők akik katonai felügyelet alatt álltak, arra késztették az embereket, hogy azok élelmet vigyenek nekik, és ezáltal bebizonyíthassák feletteseiknek, hogy teremtményeik jók és soha nem fordulnának szembe atyáikkal. Így elérték, hogy ezen első emberek vezetőit részesíthessék az "élet fájából", ami megmagyarázza azok hosszú életét: Ádám kilencszázharminc évet élt, Szet kilencszáztizenkét évig, Enos kilencszázöt évig, stb.

"Amikor az emberek kezdtek elszaporodni a földön és lányaik születtek, Elohim fiai látták, hogy az emberek lányai szépek. Feleségül vették mindazokat akik tetszettek nekik." *Teremtés, VI–1*

A száműzött tudósok asszonyaikká tették a földi emberek legszebb lányait.

"Nem marad éltető lelkem az emberben örökké, mivel test. Életkora csak 120 év legyen." *Teremtés, VI–2*

A hosszú élet nem örökölhető, a földi emberek gyermekei – a távoli bolygó vezetőinek nagy megkönnyebbülésére – nem részesülhettek automatikusan az "élet fájából". Így ennek titka feledésbe merült, s az emberek fejlődése lelassult.

"…amikor Elohim fiai az emberek lányaival összeházasodtak és ezek gyermekeket szültek nekik; ezek a régi idők híres hősei."
Teremtés, VI–4

És íme a bizonyíték arra, hogy a teremtők intim kapcsolatokat hoztak létre a földiek lányaival, akiket a saját képükre teremtettek, és kivételes gyermekeik születtek. Mindez veszélyessé vált a távoli bolygó lakóinak szemében. A tudományos haladás óriási volt a Földön, és úgy döntöttek, hogy felszámolják alkotásukat.

> "Amikor Jahve látta, hogy nagy az emberek gonoszsága a Földön, és szívük állandóan a rosszra irányul..." *Teremtés, VI–5*

A rossz, az emberek azon óhaja volt, hogy a teremtőkkel egyenlő néppé váljanak, egy tudós és független néppé.

A teremtők szemében a jó az volt, hogy a földi ember egy primitív tengődő lény maradjon. A rossz pedig az, hogy tudományosan haladni akar, kockáztatva, hogy egy napon képes lesz utolérni teremtőit. Úgy döntöttek, tehát a távoli bolygón, hogy nukleáris tölteteket küldve elpusztítják az életet a Földön. De a száműzöttek, akik tudomást szereztek erről, megbízták Noét, hogy építsen egy űrhajót, mely a Föld körül kering a katasztrófa alatt és az összes fajból magával visz egy párat, hogy azokat megmentse. Ez csak egy hasonlat. A valóságban – és az Önök tudományos ismeretei ezt hamarosan érthetővé teszik – elegendő egy élő sejt minden fajból, hím és nőnemű, hogy később újra alkossuk a lényt teljes egészében. Valahogy úgy, ahogy egy emberi lény első élő sejtje az anyja méhében, tartalmazza az összes információt ahhoz, hogy egy napon egy ember legyen, egészen a szeme vagy a haja színéig. Ez egy kolosszális munka volt, de időben elkészült. A robbanás idején az élet már át volt mentve a Földtől néhány ezer kilométerre. A kontinens belemerült egy hatalmas szökőárba, mely minden életet eltörölt a felszínről.

> "...fölemelte a bárkát úgy, hogy a föld felett úszott."
> *Teremtés, VII–17*

Elismerheti, hogy valóban a Föld fölé emelkedett és nem a víz színére. Ezután csak azt kellett megvárni, hogy a veszélyes sugárzások kitisztuljanak.

> "A víz százötven napig áradt a földön." *Teremtés, VII–24*

És a háromemeletes űrhajó (" csinálj alsó, középső és felső emeletet") landolt a Földön. A fedélzetén Noé mellett egy pár mindegyik földi emberi fajtából.

"Ekkor Elohim megemlékezett Noéról... szelet támasztott a föld felett, mire a víz apadni kezdett." Teremtés, VIII–1

Miután megvizsgálták, radioaktivitás és azt mesterséges úton megszüntették, a tudósok kérték Noét, hogy engedje ki az állatokat, hogy megvizsgálják, elviselik-e a légkört, s ez sikerrel járt. Ekkor ok is kijöttek a szabad levegőre. A teremtők ekkor kérték őket, hogy dolgozzanak és szaporodjanak, így bizonyítván hálájukat jótevőiknek, akik teremtették és megmentették őket a pusztulástól. Noé elkötelezte magát, hogy beszolgáltatja termésének és állatainak egy részét a teremtőknek, amire szükségük volt létfenntartásukhoz.

"Noé oltárt épített Jahvénak aztán fogott minden tiszta állatból és tiszta madárból és áldozatot mutatott be az oltáron."
Teremtés, VIII–20

A teremtők boldogok voltak látván, hogy az emberek jót akarnak, és megígérték, hogy a jövőben nem próbálják elpusztítani őket, mivel megértették, hogy ez természetes, ha az emberek haladni akarnak.

"... az emberi szív vágya ifjúkorától hajlik a rosszra."
Teremtés, VIII–21

Az ember célja a tudományos haladás. Mindegyik emberfajtát visszahelyezték eredeti helyére és az állatokat újra alkották a "bárkában" tárolt sejtek segítségével.

"Tőlük származnak a népek a földön a vízözön után."
Teremtés, X–32

Bábel Tornya

De a legintelligensebb nép, az izraeli, oly nagy haladást tett, hogy hamarosan a világűr meghódítására indult a száműzött teremtők segítségével. Ez utóbbiak szerették volna, hogy az emberek elmenjenek a teremtők bolygójára azért, hogy kiérdemeljék bocsánatukat bebizonyítva, hogy intelligensek és tudósok, ugyanakkor elismerik és békések. Megépítettek tehát egy hatalmas rakétát: Bábel tornyát.

"Ezután semmi sem lesz nekik lehetetlen, aminek a megvalósítását elgondolják." *Teremtés, XI–6*

A másik bolygó lakosai megrémültek ezt megtudván. Továbbra is figyelték a Földet és észrevették, hogy az élet nem lett elpusztítva.

"... szálljunk le és zavarjuk össze nyelvüket, hogy senki ne értse a másik nyelvét! Jahve tehát szétszórta őket onnét az egész földön." *Teremtés, XI–7*

Ekkor eljöttek, és a zsidókat -akiknek a legtöbb tudományos ismeretük volt- szétszórták az egész kontinensen, a primitív népek közé, ahol egyikük sem tudta megértetni magát az idegen nyelv miatt, majd megsemmisítették a tudományos és technikai felszereléseket.

Szodoma És Gomorra

A száműzött teremtőknek megbocsájtottak és visszatérhettek bolygójukra, ahol védeni próbálták csodálatos alkotásukat. Ez azt eredményezte, hogy a távoli bolygó egész lakossága gyönyörködve figyelni kezdte a Földet, mely általuk teremtett lényeket hordozott a hátán. De néhányan azok közül, kiket "szétszórtak" és akiket a bosszúvágy hajtott, összegyűltek Szodomában és Gomorrában, és mivel sikerült megmenteniük néhány tudományos titkot, egy expedíciót terveztek, hogy megbüntessék azokat, akik el akarták őket pusztítani. A teremtők két kémet küldtek, hogy megtudják mi készül.

"A két angyal este érkezett Szodomába." *Teremtés, XIX–1*

Az emberek meg akarták ölni őket, de egy sugárpisztollyal megvakították azokat.

"…az embereket pedig vaksággal sújtották, apraját és nagyját…"
Teremtés, XIX–11

A békés embereket figyelmeztették, hogy hagyják el a várost, mert azt egy atomrobbantással le fogják rombolni.

"Rajta költözzetek el erről a helyről, mert Jahve elpusztítja a várost." *Teremtés, XIX–14*

Amikor az emberek elhagyták a várost siettek, mivel nem kételkedtek abban mit jelent egy atomrobbantás.

"Menekülj…ne tekints hátra…ne állj meg sehol."
Teremtés, XIX–17

És a bomba leesett Szodomára és Gomorrára.

"S akkor Jahve kén és tűzesőt bocsátot az égből…így pusztította el ezeket a városokat, az egész vidéket…(Lót) Felesége visszanézett és sóoszloppá változott." *Teremtés, XIX–24*

Amint már tudhatják, az atomrobbanáskor közel tartózkodók meghalnak és az égési sérülések sóbálványhoz teszik őket hasonlóvá.

Ábrahám Áldozata

Később a teremtők tudni akarták, hogy a zsidó nép -de főként vezetői – továbbra is jó szándékkal vannak-e irántuk, még ebben a fél-primitív állapotban is ahova visszazuhantak, miután a nagy elmék egy részét elpusztították. Ezt beszéli el az a bekezdés, ahol Ábrahám fel akarja áldozni fiát. A teremtők próbára tették, hogy megtudják, hogy feléjük irányuló érzelmei elég erősek-e. A próba sikerrel végződött.

"Ne nyújtsd ki a kezed a fiú felé, és ne árts neki. Most már tudom, hogy féled Elohimot..." *Teremtés, XXII–12*

Íme. Dolgozza fel és írja le amit most elmondtam. Holnap többet mondok majd.

A kis ember újra elbúcsúzott és a gép szelíden felemelkedett. De mivel az égbolt tisztább volt, jobban megfigyelhettem felszállását. Kb. 400 m-re megállt és – még mindig egy hang nélkül – izzó vörössé vált, aztán fehérre, mint egy fehérré hevített fém, majd kékes-lilává mint egy hatalmas szikra, melybe lehetetlen belenézni, végül teljesen eltűnt.

Rael, akit a hetvenes évek közepén fényképeztek, a Puy de Lassolas-i első találkozás helyszínén, azokkal a ruhákkal, amelyeket 1973. december 13-án viselt.

3

A Kiválasztottak Felügyelete

Mózes

Másnap újra ott találtam beszélgetőtársamat, és o folytatta elbeszélését.

A *Teremtés* 28-ban található egy másik leírás jelenlétünkről.

> "..íme, egy létra volt a földre állítva s a hegye az eget érte. S lám
> Elohim angyalai le – és feljártak rajta." *Teremtés, XXVIII–12*

A haladás központjai, mint Szodoma és Gomorra, és a legintelligensebb emberek elpusztítása után s többiek visszazuhantak egy nagyon primitív állapotba, s bálványokat és kődarabokat kezdtek imádni, elfelejtvén azokat, akik teremtették őket.

> "…Távolítsátok el az idegen isteneket, amelyeket őriztek."
> *Teremtés, XXXV–2*

A kivonulás könyvében megjelenünk Mózesnek:

> "Itt megjelent neki Elohim angyala a tűz lángjában, egy égő
> csipkebokorban…a bokor ég de nem ég el." *Kivonulás, III–2*

Egy űrhajó landolt előtte, s leírása tökéletesen megfelel annak, ahogy egy brazíliai bennszülött mondaná el napjainkban, ha leszállnánk elé egy gépünkkel, melynek fehér fénye megvilágítja a fákat anélkül, hogy elégetné azokat… A legintelligensebb, a "kiválasztott" népet megfosztották legélesebb elméitől, s ezáltal a szomszédos primitív népek rabszolgáivá váltak, melyek sokkal népesebbek voltak, mivel nem szenvedték el a nagy pusztítást. Vissza kellett hát adni e népnek méltóságát azáltal, hogy visszakapja országát.

A Kivonulás könyve elején lett leírva mindaz, amit azért kellett tennünk, hogy Izrael népe felszabaduljon. Amikor elindultak, egészen a nekik szánt országig vezettük őket.

> "Jahve nappal felhőoszlopban haladt előttük, hogy megmutassa az utat, éjjel pedig tűzoszlopban, hogy világítson nekik. Így éjjel-nappal vonulhattak." *Kivonulás, XIII–21*

Hogy lassítsák haladásukat, az egyiptomiak követésükre indultak:

> "A felhőoszlop eljött előlük, mögöttük ereszkedett le, s az egyiptomiak serege és az izraeliták tábora között helyezkedett el." *Kivonulás, XIV–19*

Az izraeli nép mögött kibocsátott füst egy függönyt képezett, mely lelassította az üldözőket.

Később a vízen egy sugár segítségével keltek át, mely szétválasztó karakterének köszönhetően képes volt utat vágni.

> "…visszaszorította a tengert és kiszárította. A víz kettévált…"
> *Kivonulás, XIV–30*

Aztán az éhség kezdte gyötörni a kiválasztott népet a sivatagban:

> "…a puszta talaján valami finom szemcsés dolog volt, olyan mint a dér a földön." *Kivonulás, XVI–14*

A manna nem volt más, mint egy szintetikus élelmiszer, a talaj felszínén szétpermetezve, melyet a hajnali harmat felfújt. Ami pedig Mózes botját illeti mellyel "vizet fakasztott" *(Kivonulás, XVII)*, csak egy földalatti kereső volt. A víz lokalizálása után már csak ásni kellett.

Később, a Kivonulás 2. fejezete néhány törvényt hirdet ki. Izrael népének, primitív állapota miatt szüksége volt törvényekre, erkölcsi, de főleg higiéniai téren. Ezek a parancsolatokban lettek leírva. A teremtők a Sinai hegyen diktálták le e törvényeket Mózesnek. Egy űrhajóban ereszkedtek le:

"…mennydörgés és villámlás tört ki, sötét felhő telepedett a hegyre és hatalmas harsonazúgás hangzott fel."

Kivonulás, XIX–16

"Az egész Sinai hegyet beborította a füst, mivel Jahve tűzben szállt le rá. A füst úgy szállt fel, mint az olvasztó kemence füstje, s az egész hegy hevesen megrendült. A trombitaharsogás egyre erősödött." *Kivonulás, XIX–18*

A teremtők féltek, hogy elözönlik őket az emberek. Az akarták, hogy megbecsüljék, sőt tiszteljék őket, azért, hogy ne kerüljenek veszélybe.

"…A nép nem mehet fel a Sinai hegyre… a papok és a nép…ne jöjjenek fel, nehogy Jahve elpusztítsa őket." *Kivonulás, XIX–23*

"Csak Mózes járulhat Jahve elé, a többiek nem mehetnek közelebb. A nép nem mehet fel velük." *Kivonulás, XXIV–2*

"Látták, Izrael Istenét. A lába alatt olyan valami volt, mint a zafír kövezet, és fénylett mint a tiszta ég." *Kivonulás, XXIV–10*

Íme egy talapzat leírása, melyen a teremtők egyike megjelent, s mely ugyanabból a kékes ötvözetből készült, mint ennek a gépnek a padlózata, ahol most tartózkodunk.

> "…Elohim dicsősége olyannak mutatkozott, mint az emésztő tűz a hegy csúcsán." *Kivonulás, XXIV–17*

És íme a "glória" leírása, valójában a teremtők űrhajója, mely, ahogy Ön is megfigyelhette, az indulás pillanatában a tűzhöz hasonló színezetet ölt.

Ez a teremtő csoport egy ideig a Földön szándékozott maradni, s mivel szerettek volna friss élelmet enni, kérték Izrael népét, hogy rendszeresen hozzanak nekik ennivalót és más javakat is, amit később magukkal vihettek bolygójukra. Ezt akár gyarmatosításnak is mondhatnánk.

> "…gyűjtsenek adományokat…aranyat, ezüstöt, rezet,…"
> *Kivonulás, XXV*

Ugyanakkor elhatározták, hogy kényelmesebben berendezkednek, s megkérték az embereket, hogy építsenek nekik egy rezidenciát az o leírásuk alapján. Ez lett lediktálva a *Kivonulás XXV.* fejezetében. Ezen a helyen kellett találkozniuk az emberek képviselőivel: ez a találkozás sátra, ahová az emberek elhozták az élelmet és más ajándékokat alázatuk jeléül.

> "Mikor belépett a sátorba, a felhőoszlop leereszkedett és megállt a sátor bejáratánál, míg Jahve Mózessel beszélt." *Kivonulás, XXXIII–8*

> "Jahve szemtől-szembe beszélt Mózessel, ahogy az ember a barátjával beszél." *Kivonulás, XXXIII–11*

Ugyanúgy, ahogy most beszélgetni tudunk, ember az emberrel.

"…De arcomat nem láthatod, mert nem láthat engem ember úgy, hogy életben maradjon." *Kivonulás, XXXIII–20*

utalás bolygóink légkörének különbözőségére. Egy ember nem láthatta teremtőit anélkül, hogy ez utóbbi szkafandert ne viselt volna, mivel a földi légkör számukra nem volt megfelelő.

A Leviták kezdete magyarázza, hogyan kellett a teremtők ellátására szánt élelmiszereket eléjük hozni. Pl. a *XXI–17*-ben:

"Ha valaki …valamilyen betegségben szenved, ne közeledjék, hogy felajánlja Elohim-nak az áldozati eledelt."

Mindez természetesen azért, hogy elkerüljék, hogy beteg vagy deformált emberek mutatkoznak előttük, akik a kudarc elviselhetetlen szimbólumai voltak a teremtők számára.

A *Számok XI–7*-ben található a manna nagyon pontos leírása, melyet az Önök kémikusai is elő tudnának állítani.

"A manna olyan volt mint a koriander magja, szemre meg a bdellium gyantája…olyan ízű volt mint az olajos kalács."

De a manna szintetikus összetételű élelem volt és a teremtők jobban kedvelték a friss gyümölcsöt és zöldséget.

"Országuk minden primőrjéből hoznak majd Jahve -nak."

Távolabb láthatjuk, hogy a teremtők hogyan tanítják meg az embernek a kígyómarás elleni oltást.

"Csinálj egy tüzes kígyót s erősítsd egy póznára. Akit marás ér s rátekint, életben marad." *Számok. XXI–8*

Amint egy embert kígyómarás ért, "rátekintett" az "érckígyóra", injekciós tűvel közeledtek feléje és ellenszérumos oltást kapott.

Végül az utazás vége, mely eljuttatja a "kiválasztott népet" az ígéret földjére. A teremtők tanácsára lerombolják az ott élő primitív népek bálványait és elfoglalják területeiket.

"Minden bálványukat semmisítsétek meg és öntött szobraikat is törjétek össze,…vegyétek birtokba a földet és lakjatok rajta."

A kiválasztott nép végül megkapta az ígért földet.

> "Mert szerette atyáidat és kiválasztott utánuk utódaikat…"
> II. Törvény, IV–37

A Jordán átkeléséről, *Józsue III–15*-ben olvashatunk:

> "Amikor a ládát vivők a Jordánhoz értek…a felülről jövő víz megállt és egyetlen tömeggé állt össze, nagy távolságon… a víz teljesen elapadt. A nép átkelt Jerikóval szemben."

A teremtők száraz lábbal átsegítették a "kiválasztott népet" ugyanazon sugár segítségével, melyet az egyiptomiaktól való meneküléskor is használtak.

A Jerikói Harsonák

A Józsue V. végén szó kerül egy találkozásról a kiválasztott nép és egy teremtő között Jerikó város ellenállása miatt.

> "…Jahve seregének vagyok a vezére, most érkeztem." *Józsue, V–14*

Jerikó ostromakor katonai tanácsadót küldtek a zsidó népnek. Könnyen meg fogja érteni hogyan omlottak le a falak. Önök is tudják, hogy egy opera-énekesnő nagyon magas hangja képes elrepeszteni egy kristálypoharat. Nos, nagyon felerősített ultrahangot használva lerombolhatunk bármely betonfalat. Ez történt meg egy nagyon bonyolult szerkezet használatakor, melyet a Biblia "harsonának" nevez.

> "Ha a kürt felharsan…a város falai menten leomlanak." *Józsue, VI–5*

Adott időben összehangolva megszólaltatják az ultrahangot, s a falak leomlanak.

Valamivel később egy valóságos bombázás történik:

> "…Jahve hatalmas jégesőt bocsátott rájuk az égből…Többen pusztultak el közülük a jégesőtől, mint Izraeliek fiainak kardja élétől." *Józsue. X–11*

Egy szabályos bombázás volt, mely több embert ölt meg, mint az izraeliek kardjai.

Az egyik legelváltoztatottabb rész az, ahol ez áll:

> "S a nap megállt, a hold is megállt, amíg a nép bosszút nem állt ellenségein." *Józsue, X–13*

Ami annyit jelent, hogy ez egy villámháború volt, mely mindössze egy napig tartott. Távolabb le is írták: "a nap…csaknem egy egész napig halogatta lenyugtat". Ez a háború annyira rövid volt, hogy az emberek azt hitték, hogy a nap megállt az égen…

A *Birák VI*-ban egy teremtő ismét kapcsolatba kerül egy emberrel, Gedeonnal, aki élelmet ad neki:

> "Ekkor Jahve angyala kinyújtotta a botját, amit a kezében tartott, és megérintette a húst és a kovásztalan kenyeret. Ezután Jahve angyala eltűnt szeme elől." *Birák, VI–21*

Egy tudományos eljárás segítségével a teremtők, akik szkafanderük miatt nem képesek enni a szabad levegőn, szükség esetén "kiszolgálták" magukat a különböző adományokból, és azokból egy hajlékony cső, "bot" segítségével kivonva a legfontosabb tápanyagokat, táplálkozhattak. Ez az eljárás tüzet bocsát ki, s emiatt a korabeli emberek azt hitték, isteni áldozatról van szó. A *Bírák VII*-ben, amikor 300 ember bekerít egy ellenséges tábort és mindannyian egyszerre "harsonába" fújnak, hogy az ellenséget megbolondítsák, nagyon felerősített ultrahangot kibocsátó szerkezetet használnak. Önök is tudják, hogy bizonyos nagyon magas hangok képesek megbolondítani egy embert. És valóban, a bekerített nép megbolondul, a katonák egymást ölik és megfutamodnak.

A Telepatikus Sámson

A teremtők és az emberek lányai közötti párosodást illetően egy másik példa a *Bírák 13*-ban:

> "Jahve angyala megjelent az asszonynak és így szólt hozzá:
> magtalan vagy és nincs fiad, most azonban vigyázz magadra, …
> mert fogansz és fiút szülsz."

Fontos volt, hogy ennek az egyesülésnek a gyümölcse egészséges legyen, hogy megfigyelhessék magatartását, ezért ezt mondták az asszonynak:

> "…ne igyál se bort se szeszes italt, és tisztátalant se egyél, mert fogansz és fiút szülsz."

> "Borotva ne érintse fejét, mert ez a gyermek Isten nazírja anyja méhétől fogva."

"…Jahve angyala eljött az asszonyhoz…amikor férje nem volt
vele."

Könnyen elképzelhető, mi történt a férj távollétében…

A tudósoknak nem okozott problémát az asszony meddőségének
megszüntetése. Ezután megértették vele, hogy különleges lényt fog
világra hozni, melynek különleges gondoskodásra lesz igénye. A
teremtők csodálatosnak találták az emberek lányaival való párosodást.
Ez lehetővé tette számukra, hogy fiaik által közvetlenül uralkodjanak
a földön abban a légkörben, mely nekik nem felelt meg.

Nagyon fontos volt, hogy hajuk ne legyen levágva. Az emberi agy
olyan mint egy adólevonás mely képes nagyon tiszta gondolatok és
hullámok kibocsátására. A telepátia tulajdonképpen nem más. De
ennek az adó-vevőnek szüksége van antennákra. Ezt a szerepet a
haj és a szakáll játssza. Ezért fontos, hogy azok ne legyenek levágva.
Valószínűleg észrevette, hogy tudósaik közül soknak hosszú haja és
szakálla van. A prófétáknak és bölcseknek egyaránt. Most már jobban
érti miért.

És a gyermek megszületett: Sámson, akinek történetét ismeri.
Közvetlen telepatikus kapcsolata volt "Istennel", természetesen
"antennái", a hajzata segítségével. Így a teremtők segítségére
tudtak sietni a nehéz pillanatokban, vagy csodákat tenni, melyek
megerősítették hatalmát. De amikor Delila levágta a haját, nem tudott
többé segítséget kérni. Ellenségei ekkor kivájták a szemét, de amikor
haj újra kinőtt, ismét visszanyerte "erejét" vagyis segítségül tudta hívni
a teremtőket, akik lerombolták a templomot melynek o megérintette
oszlopait. Ezt Sámson erejének tulajdonították…

Sámuel 3-ban található egy rész mely Illés és Sámuel telepatikus
"beavatásáról" szól: a teremtők fel akarják venni a kapcsolatot
Sámuellel, de ez utóbbi azt hiszi, hogy Illés beszél hozzá. Hangokat
hall:

"Menj feküdj le és aludj, aztán ha valaki szólít, így válaszolj:
Beszélj, szolgád figyel!"

Valahogy úgy, ahogy a rádió amatőrök mondanák: beszéljen tisztán hallom. És a telepatikus beszélgetés megkezdődik:

"Sámuel, Sámuel……beszélj, szolgád figyel…"

Abban a fejezetben, ahol Dávid Góliát ellen harcol, szintén egy érdekes mondatot találhatunk:

"…ki ez…aki ki meri hívni az élő Isten csatasorait párviadalra?"

Mely bizonyítja egy valóban kézzelfogható "Isten" létezését ebben a korban…

A telepátia, mint kommunikációs eszköz a teremtők és az emberek között csak akkor volt lehetséges, amikor a teremtők földközelben voltak.

Amikor távoli bolygójukon, vagy máshol tartózkodtak, nem tudtak érintkezni e módszer segítségével. Ezért felszereltek egy adó-vevőt, melyet "Isten ládájában" szállítottak. Egy adó-vevőt, melynek saját atomeleme volt. Ezért amikor *I Sámuel 5,6* -ban a filiszteusok ellopják Isten ládáját, bálványuk, Dágon földre esik Jahve ládája előtt egy elektromos kisülés után, melyet a helytelen kezelés okozott. Ezen kívül a radioaktív anyagok veszélyes kisugárzása égési sérüléseket is okozott.

"…daganattal sújtotta őket"

A zsidók is, akik nem vigyáztak Isten ládájának kezelésekor, megsérültek:

"Uza kinyújtotta kezét Isten ládája felé és megfogta, mert az ökrök megbillentették. Erre fellángolt Jahve haragja Uza ellen, s lesújtott rá az Isten vétkéért, úgyhogy meghalt ott, az Isten ládája mellett." II Sámuel, VI–6 a láda majdnem felborult és Uza megpróbálván visszafogni, megérintette a szerkezet egy veszélyes részét és áramütést szenvedett. Az I Királyok, II-ben többször megismétlődik: "megragadta az oltár szarvát…" mely azt magyarázza, hogyan kellett kezelni az adólevonás fogantyúit, ha kapcsolatba akarnak lépni a teremtőkkel.

Az Elso Rezidencia Elohim Fogadására

Nagy Salamon király fényűző palotát építtetett a teremtők fogadására, amikor azok a Földre látogattak.

"Jahve kinyilvánította, hogy homályban kíván lakni. Ezért építettem hát házat neked, hajlékul…"

"Jahve dicsősége betöltötte Jahve templomát."

"…a felhő betöltötte Jahve templomát,…" *I Királyok, VIII*

"Izrael fiai közt fogok lakni…" *I Királyok, VI*

A teremtők tehát egy felhőben laknak, vagyis egy űrhajóban föld körüli pályán a felhők fölött. De próbálja ezt megmagyarázni a primitív embereknek.

"Jahve parancsára Elohim egyik embere Judából Bételbe érkezett, …azt mondta…az oltár megreped… Jerobeám kinyújtotta a kezét és odakiáltotta: vigyétek innen! De ellene kinyújtott keze megmerevedett, nem tudta visszahúzni. Az oltár pedig megrepedt…" *I Királyok, XIII*

Egy atommal működő, lebomlasztó szerkezet segítségével az egyik teremtő megsemmisítette az oltárt és megégette annak az embernek a kezét aki nem volt kellő tisztelettel teremtői iránt. Majd visszaindult Elohim egyik földi bázisa felé, de egy másik útvonalat választva azért, hogy az emberek ne találhassanak oda:

> "…és az úton se térj vissza amelyen jöttél. Így más utat választott…"

Egy példa az állatok elektronikus "távirányítására" melyet már önök is kezdenek alkalmazni. I *Királyok, XVII*-ben:

> "S a hollók vittek neki reggel kenyeret, este húst,…"

A teremtők elhatározták, hogy a lehető legritkábban jelennek meg, a legutóbbi tudományos találmányok miatt, és azért, hogy megfigyelhessék képes lesz-e az ember teljesen egyedül eljutni a tudomány korába. Ezért a legdiszkrétebb kommunikációs eszközöket használták, mint pl. Illés élelmezése a "postás" hollókkal. Ez egy galaktikus szintű hatalmas kísérlet kezdete több bolygó emberisége között. A teremtők elhatározták, hogy a lehető legkevesebbet mutatkoznak, ugyanakkor megerősítik követeik, a próféták tekintélyét és hírnevét, "csodákat" téve. Vagyis olyan tudományos módszereket használva melyek e korban érthetetlenek voltak.

> "Nézd él a fiad!"

> "Most már tudom, hogy csakugyan Elohim embere vagy"

Illés ápolt és meggyógyított egy haldokló gyermeket. Aztán két bikát máglyára tetetett a Kármel hegyen: az egyiket Baal-nak, a másikat a teremtőknek szánta. Az amelyik elsőként lángra lobban, jelenti az egyetlen igaz "Istent". Természetesen, az Illés és a teremtők által megbeszélt pillanatban, az őnekik szánt máglya meggyulladt még nedvesen is, egy a felhők fölött tartózkodó gépből leadott, a lézerhez hasonló sugár segítségével

"…tűz hullott Jahvétól, megemésztette az égő áldozatot és a máglyát, még az árokban levő vizet is elnyelte."

Illés A Hírnök

A teremtők buzgón gondoskodtak Illésről

Egy angyal megérintette és azt mondta: "Kelj föl és egyél!" Ágyánál volt egy lepény és egy korsó víz. S mindez a sivatag közepén…

> "S lám Jahve elvonult arra. Hegyeket tépő, sziklákat sodró, hatalmas szélvész haladt Jahve előtt, de Jahve nem volt a szélviharban. A szélvésznek földrengés lépett nyomába…A földrengés után a tűz következett, de Jahve nem volt a tűzben. A tüzet enyhe szellő kísérte." I Királyok, XIX–11

Íme az Önök űrhajóihoz hasonló gép leszállásának pontos leírása. Kicsit később a teremtők megjelenésének leírását is megtalálhatjuk:

> "…Láttam Jahvét, a trónján ült, az egész mennyei sereg ott állt a jobbján és a balján." *I Királyok, XXII–19*

A teremtők ismét a telepátiát, a csoportos telepátiát alkalmazzák azért, hogy egyik próféta se jósolja meg az igazságot a királynak.

> "…a hazugság lelke leszek a prófétái ajkán." *I Királyok, XXII–22*

A II Királyok I-ben ismét egy bizonyíték arra, hogy a teremtők felügyelnek Illésre:

"…ha Isten embere vagyok, szálljon alá tűz az égből és pusztítson el ötven embereddel együtt! Erre tűz csapott le az égből és elpusztította az ötvennel együtt." *II Királyok, I–10*

Ez a művelet egy harmadik alkalommal is megismétlődött

Jahve angyala azt mondta Illésnek: "Menj el vele, ne félj tőle" A II Királyok II-ben, Illés a teremtők vendége egy űrhajóban, mely felszáll és elviszi:

"Amikor Jahve úgy akarta, hogy Illést a forgószél fölvigye az égbe…"

"…egyszer csak jött egy tüzes szekér, tüzes lovakkal, s elválasztotta őket egymástól (Illést és Elizeust) aztán Illés a forgószéllel fölment az égbe." *II Királyok, II–11*

Egy rakéta fölszállásának leírása, ahol a reaktorokból kitörő tűz láttán az elbeszélő tüzes lovakról beszél. Még napjainkban is, ha egy dél-amerikai bennszülöttnek megmutatnánk egy űrhajó felszállását, törzsébe visszatérve tüzes szekérről és tüzes lovakról beszélne, mivel képtelen lenne megérteni a tudományos jelenségeket, ezért természetfeletti és isteni csodát látna benne.

Kissé távolabb *(II Királyok IV)* Elizeus, mint apja is, "feltámaszt" valakit. Ápol és újraéleszt egy halott gyermeket. Napjainkban gyakori dolog, hogy szájból-szájba lélegeztetést és szívmasszázst alkalmazunk azért, hogy visszahozzunk valakit az életbe, akinek a szívműködése leállt.

Elizeus ezután hozzákezd a "kenyérszaporításhoz".

A Kenyérszaporítás

"…jött egy ember és új kenyeret hozott isten emberének húsz árpakenyeret meg darát a zsákjában…Szolgája ellene vetette: Hogy adjak ennyit száz ember elé? …Esztek és marad is. Erre eléjük tette, ettek s még maradt is, ahogy Jahve mondta." *II Királyok, IV–42*

A teremtők egy szárított, szintetikus alapú élelmiszert hoznak, mely víz hozzáadásával ötszörösére dagad. Húsz "zsömlével" van elegendő élelem száz embernek. Önök is ismerik már azokat a kis vitaminozott tablettákat, melyekkel az első űrhajósok táplálkoztak. Ez kis helyet foglal és az összes fontos tápanyagokat tartalmazza.

Egy tabletta elegendő egy ember táplálására, egy zsömle nagyságú elég öt embernek, vagyis húsz zsemle elég száz embernek.

De Izrael népe fémbálványokat imádott, emberevőkké és teljesen erkölcstelenné váltak, ami elundorította teremtőiket.

"…Izrael népe messzire került földjétől…"

Izajás könyvében olvashatjuk:

"Abban az esztendőben, amikor meghalt Uzija király, láttam Jahvét. Magas és fönséges királyi széken ült…Szeráfok lebegtek fölötte: mindegyiknek hat-hat szárnya volt. Kettővel befödték arcukat, kettővel befödték lábukat, s kettővel lebegtek." *Izajás, VI–1*

Ez itt a teremtők leírása, akik egy önálló, hat kis reaktorral ellátott szkafanderbe vannak öltözve: kettő van a hátukon, kettő a karjukon, s kettő a lábukon.

Ez az izraeli nép szétszóródásának kezdete, melynek civilizációja ahelyett, hogy haladt volna, inkább visszasüllyedt, a szomszédos népekkel ellenkezően, akik ebből hasznot húztak.

"Lám zúgás hallatszik a hegyeken, sok nép zajongása. Királyságok szava zúg, az összegyűlt nemzeteké. A Seregek Ura vezényli a harci seregeket. Messze földről jönnek, az ég határáról, Jahvénak és haragjának eszközei, hogy elpusztítsák az egész földet." *Izajás, XIII–4*

A tiszta igazság van itt leírva. A sorok között kellett volna olvasni … és megérteni. Ettől világosabb nem lehet.

"Azt gondoltad magadba: én az égbe megyek föl, az Isten csillagai fölé állítom trónomat." *Izajás XIV–13*

Célzás az eltűnt tudósokra, akik elegendő ismeretet halmoztak fel ahhoz, hogy a teremtők bolygójára akarjanak utazni, de el lettek pusztítva Szodománál és Gomorránál. A mennyek seregét írták itt le, mely haragjának eszközeivel érkezik, hogy elpusztítsa az egész országot. Ezek a szodomai és gomorrai emberek, akik azt mondták:

"Felszállok a felhők magasába, hasonló leszek a Fölségeshez."
Izajás, XIV–14

De a mészárlás megakadályozta, hogy az ember a teremtőkkel, a "Fölségessel" egyenlővé váljon.

"…a világot pusztasággá tette." *Izajás, XIV–17*

Az atomrobbanást kissé távolabb írják le:

"…jajkiáltás járja Moáb egész vidékét. Eglaimig hangzik a jajgatás, s visszhangzik egész Beer-Elimig…vérrel telnek meg Dibon vizei, …" *Izajás, XV–8*

Néhányan pedig megmenekülnek, mert erődítményekben rejtőzködtek

"Menj be kamrádba, én népem, s zárd magadra az ajtót! Rejtőzz el egy rövid időre, míg el nem múlik a harag." *Izajás, XXVI–20*

Ezékiel Repülő Csészeljai

A legérdekesebb leírás az egyik gépünkről, *Ezékiel*-ben olvasható:

"…észak felől nagy forgószél támadt és nagy felhő Fényesség vette körül, tűz, amelyből villámok törtek elő A belsejében, a tűz közepén valami fénylett, mint az érc. Középütt kivettem valamit, amely négy élőlényhez hasonlított. Emberi formájuk volt. Mindegyiknek négy arca és mindegyiknek négy szárnya volt. A lábuk egyenes volt, a talpuk meg olyan, mint a borjú talpa, s úgy szikráztak, akár a fényes érc. Szárnyaik alatt emberi kezek voltak. Az egyiknek a szárnya összeért a másikéval. Amikor mentek, nem fordultak meg, hanem mindegyik egyenesen haladt. Arcuk emberi archoz hasonlított, és jobb felől mind a négynek oroszlánarca volt, bal felől meg mind a négynek sasarca volt. Szárnyaik felül ki voltak terjesztve. Két szárnya mindegyiknek összeért, kettő meg a testüket födte. Mindegyik egyenesen ment maga előtt, oda mentek, ahová a lélek irányította őket, nem fordultak meg, amikor mentek. Az élőlények között olyasmit láttam, mint az égő szénfáklya, amely imbolygott az élőlények között. A tűz lobogott és villámok törtek elő a tűzből Az élőlények meg jöttek-mentek akár a villámok. Figyeltem az élőlényeket, s lám, egy-egy kerék volt a földön az élőlények mellett. Ezek a kerekek úgy ragyogtak, mint a krizolit, a mind a négynek ugyanolyan volt az alakja. Úgy látszott, mintha az egyik a másikban lett volna. Négy irányban haladtak, s nem kellett megfordulniuk, amikor mentek. Vizsgáltam őket: igen nagy volt a kerületük, s körös-körül mind a négynek a kerülete tele volt szemekkel. Amikor az élőlények mentek, a kerekek forogtak mellettük, és amikor az élőlények fölemelkedtek a földről, a kerekek is fölemelkedtek. Ahova a lélek irányította őket, oda mentek a kerekek, s egyszersmind fölemelkedtek, mert az élőlények lelke volt a kerekekben. Ha az élőlények mentek, a kerekek is mentek, ha álltak azok is álltak, és amikor fölemelkedtek a földről, velük együtt a kerekek is fölemelkedtek, mert az élőlények lelke volt a kerekekben. Ami az élőlények feje fölött volt, az égbolthoz hasonlított, ragyogott, mint a kristály, s szétterült a fejük fölött. Az égboltozat alatt ki voltak terjesztve a szárnyaik, az egyiké a másiké felé, s kettő mindegyiknek a testét födte.

Amikor mentek, hallottam szárnyaik suhogását. Olyan volt, mint a nagy vizek zúgása, mint a Mindenható hangja, a vihar moraja, mint egy tábornak a zaja. Amikor megálltak, leeresztették szárnyukat, s ezzel zajt csaptak.

Az égboltozat fölött pedig, amely a fejük fölött volt, mintha zafírok lett volna, olyan, mint egy trón, ezen a trónfélén meg, fenn, a magasban egy emberhez hasonló lény." *Ezékiel, I–4*

Íme egy leírás a teremtőkről, akik leereszkedtek gépükkel, melynél pontosabbat nem is kívánhatnánk. A nagy felhő, az a füst amit a nagy magasságban szálló repülőgépek hagynak, azután megjelenik maga a repülőgép villogó lámpáival, a "villámokkal" és a "szikrázó érc". Aztán négy teremtő jelenik meg, kis irányító reaktorokkal ellátott

anti-gravitációs öltözetben. "Szárnyaik" a fém szkafanderen: "…
lábaik… úgy szikráztak akár a fényes érc." Ön is észrevehette, hogy
a kozmonauták öltözete nagyon fényes. Ami a repülő csészealjat, a
"kereket" illeti, kinézete és működése nincs is olyan rosszul leírva,
ha belegondolunk, hogy egy primitív ember beszél. "Úgy látszott,
mintha az egyik a másikban lett volna (a kerekek) …s nem kellett
megfordulniuk, amikor mentek." Az ehhez hasonló "repülő
csészealjak" – amelyben most is tartózkodunk – közepén, található
a lakható rész: "…körös- körül mind a négynek a kerülete tele volt
szemekkel". Mivel a mi ruhatárunk is fejlődött, nem hordjuk már
e terjedelmes szkafandereket. Gépeink ablakokkal voltak ellátva,
mivel ebben a korban még nem ismertük módját, hogyan lehet – az
atomszerkezetet akaratunk szerint módosítva- a fémfalakon átlátni. A
repülő csészealjak a teremtők közelében maradnak, hogy szükség esetén
segítségükre lehessenek. A különböző anyagok begyűjtésén dolgoztak,
hogy feltöltsék készleteiket, és néhány karbantartó műveletet végeztek
a fejük fölött tartózkodó, nagy intergalaktikus űrhajón A csoport
más tagjai a gép belsejéből irányítják a munkálatokat: "…mert az
élőlények lelke volt a kerekekben". Természetesen. Ugyanakkor leírja
a szkafandert is négy ablakával, amely az első búvárruhákra hasonlít:
"mindegyiknek négy arca volt, …nem fordultak meg amikor mentek".
  A kis csészealjak, egyfajta szervízjárművek, kis működési sugarú
gépek, melyek rövid felfedező küldetésekre szolgálnak. Valamivel
magasabban várakozik a nagy intergalaktikus jármű: "Ami az élőlények
feje fölött volt, az égbolthoz hasonlított, ragyogott, mint a kristály…
az égboltozat fölött pedig …mintha zafírkő lett volna, olyan, mint egy
trón, ezen a trónfélén pedig egy emberhez hasonló lény". Ez utóbbi, a
nagy űrhajóban figyelte és összehangolta a munkálatokat.
  Ezékiel, megrémülve földre vetette magát ennyi titokzatos dolog
előtt, mely csak "isteni" eredetű lehetett, de a teremtők egyike így
szólt hozzá:

> "Emberfia, állj fel, beszélni akarok veled… Nyisd ki a szád és
> edd meg amit adok neked." *Ezékiel, II–1, II–8*

Ez egy hasonlat, mint pl. enni a tudás fájáról. Tulajdonképpen "szellemi élelemről" van szó.

Valójában egy könyvet adnak neki:

"Akkor láttam, hogy egy kéz nyúlt felém, és lám, egy könyvtekercs volt benne. …kívül is, belül is tele volt írva."

A lapok mindkét oldalán írás volt, mely meglepő dolog volt abban az időben, amikor a pergamennek csak egyik oldalára volt szokás írni. Ezután Ezékiel "megette" az irattekercset, azaz elolvasta és megértette azok jelentését, mely nem volt más, mint amit Önök is megtudnak e könyvből, az emberiség eredetével kapcsolatban. Nagy izgalmában és megkönnyebbülésében ezt mondta:

"Megettem és olyan édes volt a számban mint a méz."

Ezékiel, III–3

Ezután Ezékielt elviszik űrhajójukban arra a helyre, ahol majd el kell terjesztenie a jó hírt.:

"Aztán elragadott a lélek és hallottam, amint mögöttem nagy sokaság zengett…" *Ezékiel, III–12*

Kissé távolabb, a próféta ismét az űrhajóban utazik:

"…aztán fölment a lélek ég és föld közé, s isteni látomásban elvitt Jeruzsálembe…" *Ezékiel, VIII–3*

Ezékiel ezután észreveszi, hogy "szárnyaik" alatt a "keruboknak" emberi kezük van:

"mintha a keruboknak emberi kezük lett volna a szárnyuk alatt". *Ezékiel, X–8*

"...amikor a kerubok felemelték szárnyukat, hogy fölemelkedjenek a földről, a kerekek ott maradtak mellettük."
Ezékiel, X–16

"A lélek fölemelt és elvitt..." *Ezékiel, XI–1*

"Jahve dicsősége fölemelkedett, elhagyta a várost, és azon a hegyen állt meg, amely a várostól keletre van. A lélek fölemelt és látomásban elvitt a káldeusokhoz..." *Ezékiel, XI–23*

Ezékiel megannyi utazása a teremtők gépeiben.

"Jahve keze fölöttem volt, és lelke által Jahve kivezérelt és a völgybe vitt..." *Ezékiel, XXXVII–1*

És itt egy csoda történik. A teremtők föltámasztanak olyan embereket, akiknek már csak a csontjaik maradtak. Az előzőekben már mondtuk, hogy egy élőlény minden részecskéjében megtalálható az összes információ ahhoz, hogy az illető lényt teljes egészében újra összeállítsuk. Ehhez elegendő egy részecskét -mely a csontokból is származhat- egy készülékbe helyezni, amely aztán hozzáadja az összes élő anyagot ami az eredet lény összeállításához szükséges. A gép szolgáltatja az anyagot, a részecske az információt egy lény teremtéséhez. Ahogy egy ondószál is rendelkezik mindazokkal az információkkal, melyek egy lény teremtéséhez szükségesek, egészen a szeme és a haja színéig.

"Emberfia, életre kelnek még ezek a csontok? ...S lám,... zaj keletkezett, majd zörgés támadt, és a csontok egymáshoz közeledtek. Aztán láttam: ín és hús került rájuk, és bor vonta

be őket…. És éltető lehelet szállt beléjük, életre keltek, talpra
álltak…" *Ezékiel, XXXVII–7*

Mindezt nagyon könnyű végrehajtani, és önök is megteszik majd egy
napon. Innen való azon ősrégi szokás haszna, hogy a lehető legjobban
elszigetelt sírokat építettek a nagy embereknek azért, hogy majd egy
napon visszahozzák őket az életbe, az örökkévalóságra. Ez az "öröklét
fája" titkának egy része.

A III. Fejezetben Ezékiel ismét az űrhajóban utazik, mely elviszi őt
egy szkafanderbe öltözött emberhez.

> "Elvitt ….Izrael földjére, és letett egy nagyon magas hegyre.
> …mintha dél felé város épült volna. …ott volt egy ember, aki
> mintha ércből lett volna." *Ezékiel III, XL–2*

Ez a város a teremtők földi bázisa volt, melyeket mindig magas
hegyekre építettek azért, hogy az emberek ne zaklathassák őket Az
"érchez" hasonló ember természetesen szkafanderbe volt öltözve,
s alacsony termetük miatt, "keruboknak", gyermekeknek néztek
minket.

A papoknak, akik a teremtők szolgálatával voltak megbízva a földi
rezidenciában, a "templomban" ahová Ezékiel ellátogatott, fertőzés-
mentes "munkaruháik" voltak, és ezeknek a ruháknak a "templomban"
kellett maradniuk azért, hogy a veszélyes csírák ne juthassanak a
teremtők közelébe.

> "…ha kimennek ….vessék le azokat a ruhákat, amelyekkel
> szolgálatukat végezték, és tegyék le a szentély celláiba …nehogy
> megszenteljék ruhájukkal a népet…" *Ezékiel III, XLIV–19*

Azt kellett volna írniuk, hogy "nehogy a nép megfertőzze ruhájukat".
Egy kis részlet kérdés, mely érthetetlen volt a primitívek számára, akik
mindent bálványoztak, amit mondtak vagy mutattak nekik.

A III. Fejezetben a tiszteletteljesen "Isten dicsőségének" nevezett nagy űrhajó közeledik.

"És lám, Izrael istenének dicsősége bevonult kelet felől Hangja olyan volt, mint a nagy vizek zúgása, és fenségétől tündöklött a föld." *Ezékiel III, XLIII–2*

Egyedül a "fejedelem" jöhet értekezni a teremtőkkel:

"Ez a kapu legyen zárva! Nem szabad kinyitni, senki sem léphet be rajta, mert Jahve, Izrael Istene vonult át rajta, ezért kell zárva maradnia." *Ezékiel III, XLIII–2*

Nem akarják, hogy zavarják őket

"Csak a fejedelem ülhet benne, hogy elköltse eledelét Jahve színe előtt" *Ezékiel XLIV–3*

De a fejedelemnek egy zsilipkamrán kellett keresztül jönnie, ahol speciális sugárzással fertőtlenítették:

"A kapu előcsarnokából léphet be, és ugyanazon az úton kell távoznia is." *Ezékiel III, XLIV–3*

A levita papok a teremtők szolgálatában álltak.

"A levita papok …közelíthetnek hozzám, hogy ….mutassák be a hájat és a vért. Ok lépjenek be szentélyembe és közelítsenek asztalomhoz…" *Ezékiel III, XLIV–15*

"Ha belépnek a belső udvar kapuin, öltözzenek vászonruhába, ne övezzék magukat." *Ezékiel III, XLIV–17*

A földi emberek verejtékének szaga nagyon kellemetlen volt számukra.

> "És minden első termés legjava …legyen a papoké, és ételeitek
> legjavát adjátok a papoknak, hogy áldás szálljon házatokra."
> *Ezékiel III, XLIV–30*

A teremtők ellátása friss élelmiszerekkel így folytatódott. *Dániel III.*
fejezetében Nebukadnezár király máglyára küldött három embert,
akik nem akartak fém-isteneket bálványozni a teremtők helyett,
akiknek tudtak létezéséről

De a három ember megmenekül a parázsból az egyik teremtő
segítségével, aki hűtő és taszító sugarat használva félretaszítja a tűz
hevét körülöttük, s 1gy minden bántódás nélkül megmenekülnek.

> "Én négy férfiút látok, akik szabadon járnak-kelnek a
> lángok közepette anélkül, hogy valami bántódásuk volna. A
> negyediknek pedig olyan alakja van, mint egynek Elohim fiai
> közül." *Dániel, III–25*

kissé távolabb, Dánielt az oroszlánok közé vetik, de ez utóbbiak
hozzá sem nyúlnak. Egy bénító sugarat alkalmaznak arra az időre, míg
kiszabadítják Dánielt az árokból.

> "Istenem elküldte angyalát, és bezárta az oroszlánok száját"
> *Dániel, VI–23*

Dániel tizedik fejezetében ismét megtalálhat egy érdekes leírást a
teremtőkről:

> "Amikor körülnéztem, egyszerre egy gyolcsruhába öltözött
> férfit láttam. …Teste ragyogott, mint a drágakő, arca, mint a
> villám, szeme mint a lobogó tűz, karja és lába, mint a csiszolt

érc felülete, szavának hangja meg, mint a tömeg zúgása."

Dániel, X–4

Az Utolsó Ítélet

Azért uralkodhattak a perzsák és a görögök a zsidók fölött, mert a teremtők, hogy megbüntessék a zsidókat hitetlenségükért, saját embereiket, "angyalokat" helyeztek ezen országok lakosai közé acélból, hogy nagy technikai haladást érhessenek el, ami megmagyarázza e civilizációk jelentőségét Mihály angyal volt megbízva a perzsákat segítő csapat vezetésével:

"De Mihály, az egyik legfőbb fejedelem segítségemre jött."

Dániel, X–13

Dániel 12. Fejezetében a feltámadásról van szó:

"Akik a Föld porában alszanak, azok közül sokan feltámadnak, némelyek örök életre, mások gyalázatra, örök kárhozatra.

Dániel, XII–2

Az "utolsó ítélet" lehetővé teszi majd, hogy a nagy emberek újra élhessenek. Azok, akik pozitívak voltak az emberiség számára és hittek a teremtőkben és követték rendeleteit, örömmel lesznek fogadva abban a korban, amikor ez be fog következni. Ellenben a "rossz" emberek szégyenkezni fognak bíráik előtt és örök bánatban fognak élni, hogy példát mutassanak az emberiségnek.

"Akkor az érteni tudók ragyogni fognak, mint a fénylő égbolt, s akik igazságra tanítottak sokakat, tündökölnek örökkön-örökké, miként a csillagok." *Dániel, XII–3*

A zsenik lesznek a legjobban megbecsülve és megjutalmazva, ahogy az igaz emberek, akik által a zsenik kibontakozhattak, és akik által az igazság diadalmaskodhatott, kiérdemlik jutalmukat.

> "Te meg, Dániel, zárd el ezeket a szavakat, pecsételd le a könyvet a végső időkig Sokan eltévelyednek, és a gonoszság növekedni fog." *Dániel, XII–4*

Ezek a szavak érthetetlenek voltak addig, amíg az embereknek nem volt elegendő tudományos ismeretük, vagyis napjainkig.

> "…amikor az az erő, amely a szent népet szétszórta, nem lesz többé." *Dániel, XII–7*

Akkor, amikor a szétszóródás után Izrael népe végre megtalálja országát. Az izraeli állam néhány évtizeddel ezelőtt megszületett, egyidőben a földi tudományos "robbanással".

> "Eredj, Dániel, mert el vannak zárva, és le vannak pecsételve e szavak a végső időkig" *Dániel, XII–9*

Mindez csak napjainkban vált érthetővé Néhány év alatt, s különösen az űrkutatás kezdete óta, a tudomány akkora haladást ért el, hogy – joggal – minden lehetségesnek tűnik az emberek szemében. Már semmi nem lepi meg az embereket, akik hozzászoktak, hogy különféle "csodákat" nézhetnek végig a televíziójuk előtt ülve. Meglepődés nélkül tudomásul veszik, hogy valóban a mindenható "Isten" képére lettek teremtve, egészen a tudományos képességeikig. És így a csodák érthetővé válnak.

Jónás könyvében a "nagy hal" ami elnyeli a prófétát, nagyon érdekes. Amikor Jónást a tengerbe dobják a kis hajóból:

"Jahve odarendelt egy nagy halat, hogy nyelje el Jónást. Jónás
három nap és három éjjel a hal gyomrában volt." *Jónás, II–1*

Egy "nagy hal" ….valójában az önök által is ismert tengeralattjáró,
mely e kor embereinek csak egy nagy hal lehetett, még akkor is, ha egy
ilyen nagy hal gyomornedvei elemésztették volna az embert, a szabad
levegőre való visszajutás minden reménye nélkül. Egyébként pedig
levegőt kellett volna nyelnie ahhoz, hogy az illető lélegezni tudjon…
Ebben a tengeralattjáróban a teremtők értekezni tudtak Jónással, és
tájékozódhattak a kor politikai eseményeinek alakulásáról.

"Jahve szólt a halnak és az kivetette Jónást a szárazra." *Jónás II–11*

A tengeralattjáró megközelítette a földet, és Jónás visszajöhetett a
szárazra.
Zakariás V. fejezetében ismét egy gépünk leírása:

"Ismét fölemeltem tekintetem, és újra látomást láttam: egy
repülő könyvtekercset. …A hossza húsz könyök volt (9 méter)
a szélessége pedig tíz könyök (4,5 méter)." *Zakariás, V–1*

Egy kissé távolabb megjelennek – első ízben – a teremtők asszonyai.:

"Két asszony jött elő Szárnyukat szél lengette, olyan szárnyuk
volt mint a gólyának." Zakariás, V–9

A teremtők két női kísérője halad el Zakariás előtt, önálló repülésre
alkalmas szkafanderbe öltözve.
A VIII. *Zsoltárban* ezt mondják az emberről beszélve:

"Majdnem isteni lénnyé tetted…"

Az emberek értelmi szintje ugyanolyan erős, mint a teremtőké. A másolók nem merték leírni, hogy Elohimmal egyenlő, mint ahogy az diktálva lett.

"Az ég egyik szélén kel és siet a másik szélére,…" *XIX. Zsoltár, 7*

A teremtők a Föld pályájától nagyon távoli bolygóról jöttek.

" …ott vert sátrat a napnak." *XIX. Zsoltár, 5*

Egy másik elbeszélés arról, hogy a földet "összegyűjtötték", amikor óceán borította az egész bolygót és kialakították az eredeti kontinenst.

"Jahve az égből letekint, s látja az emberek fiait mind. Hajlékából látja mindazokat, kik a földön élnek." *XXXIII. Zsoltár, 13*

Gépeikből a teremtők felügyelnek az emberiség tevékenységeire, mint ahogy azt mindig is tették.

Sátán

Jób 2-ben található a magyarázat, ki volt Sátán:

"Egy napon az történt, hogy Elohim fiai fölkerekedtek, és Jahve elé járultak. A sátán is megjelent köztük." *Jób, 1–6*

Elohim – héberül, szó szerint – azt jelenti "ok akik az égből jöttek". Elohim fiai, tehát a teremtők akik felügyelnek az emberekre, eredeti bolygójukon rendszeresen beszámolót tartanak, így tanúsítván, hogy az emberek többsége szereti és tiszteli őket De egyikük, akit Sátánnak hívnak, azok közé tartozik, akik mindig is elítélték más értelmes lények teremtését egy olyan közeli bolygón mint a Föld, egy állandóan fenyegető veszélyt látván ebben. Jób odaadását látván, aki a teremtőket szerető emberek egyik legszebb példája volt, így szólt:

> "A sátán azt válaszolta Jahvénak: Talán bizony ingyen olyan istenfélő az a Jób? …Csak nyújts ki egyszer a kezed és nyúlj hozzá egész vagyonához! Szavamra, szemtől-szembe fog majd káromolni! Jahve erre azt mondta a sátánnak: nos kezedbe adom mindenét, amije van. Csak rá magára nem szabad ráemelned a kezed." *Jób, I–9*

A kormány, Sátán kijelentésére, miszerint Jób, ha nem lenne gazdag nem szeretné teremtőit, teljhatalmat ad Sátánnak, hogy tönkretegye Jóbot. Majd akkor megtudják, hogy még mindig tiszteli-e teremtőit. Ezért nem volt szabad őt megölni. A tönkre tett Jób makacsságát látván, aki még mindig tisztelte a teremtőket, a kormány győzedelmeskedett Sátán fölött.

De ez utóbbi azt válaszolta, hogy Jób sok mindent elvesztett, de még mindig jó egészségnek örvend. A kormány szabad utat ad neki azzal a feltétellel, hogy nem öli meg Jóbot:

> "Nos kezedbe adom, csak az életét kíméld." *Jób, II–6*

Még mindig *Jób* könyvében, a XXXVII. fejezetben egy érdekes mondat:

> "Te feszítetted ki vele az ég sátrát, feszesre, mint a tükör, mely acélból készült?" *Jób, XXXVII–18*

Képes-e az ember "feszes égi sátrat" készíteni, melyek a valóságban fémből készült repülőgépek A korabeli emberek úgy gondolták, hogy ez lehetetlen másvalakinek, mint Istennek. Pedig manapság már megvalósítható…

Végül Jób alázata láttán a teremtők meggyógyítják és visszaadják gazdagságát, gyermekeit és egészségét.

Az Emberek Nem Érthették Meg

Tóbiás könyvében a teremtők egyik robotja, akit Rafaelnek hívtak, szintén azért jön, hogy próbára tegye az embereket. Miután felfedte nekik kilétét, elmegy.

"Azt hittétek, enni láttok, pedig az csak látszat volt… Most, visszatérek ahhoz, aki küldött. Írjatok le mindent ami történt."
Tóbiás, XII–19

Mindez megtalálható az írásokban, csak meg kell próbálni megérteni.

"Hogy mi a bölcsesség és hogyan keletkezett, elmondom, és nem rejtem el titkát előletek. Sőt inkább mindjárt kezdetétől fogva megvizsgálom. Amit csak tudok róla, nyíltan feltárom, és nem kendőzöm az igazságot." *Bölcsesség könyve, VI–22*

Amikor az idő elérkezik, a "bölcsesség", a tudomány amely által mindez létezhet, ismertté válik az ember számára. A bibliai írások lesznek minderre a bizonyíték.

"Mert a teremtmények nagyságából és szépségéből összehasonlítás útján meg lehet ismerni teremtőjüket."
Bölcsesség, XIII–5

Pedig egyszerű volt felderíteni az igazságot, felismerni a teremtőket a teremtmények megfigyelésével.

"… s a látható tökéletességből nem tudták felismerni azt ami van, …" *Bölcsesség, XIII–1*

Azért, hogy az emberek ne zavarhassák őket, a teremtők magas hegyekre építették bázisaikat, ahol ma megtalálhatjuk a nagy civilizációk nyomait (Himalája, Peru), és a tengerek mélyén úgyszintén. Fokozatosan a hegyek tetején levő bázisok átadták helyüket a tenger alattiaknak, melyek nehezebben voltak elérhetők az emberek számára. A kezdetben száműzött teremtők a tengerek mélyén rejtőzködtek:

> "Azon a napon Jahve meglátogatja kemény, nagy és erős kardjával a leviatánt, a gyors kígyót, …és megöli a tengeri kígyót." *Izajás, XXVII–1*

A távoli bolygó kormánya el akarta pusztítani az emberek teremtőit Nem volt könnyű tisztán látni mindezen csodák közepette, ezért az emberek, képtelenül arra, hogy megértsék a tudományos "csodákat", a végsőkig bálványozták a teremtőket

> "…olvasni nem tudónak adják a könyveket s azt mondják neki:
> olvasd, akkor az így felel: nem ismerem a betűket"
> *Izajás, XXIX–12*

Az igazság már régóta az emberek keze között van, de nem érthették meg azelőtt, hogy "megtanuljanak olvasni", azaz hogy tudományos szintjük eléggé fejlett legyen.

> "…mind egyaránt esztelenek és ostobák, s értelmetlen a tanítás
> is, amit e hiábavalóságok nevében adnak," *Jeremiás, X–8*

A tudomány tette lehetővé a teremtők számára a teremtést, és az emberek számára is lehetővé fogja tenni ugyanezt.

> "Alkotó munkája elején teremtett Jahve, ősidőktől fogva, mint legelső művét. Az idők előtt alkotott, a kezdet kezdetén, a föld születése előtt … Ott voltam, amikor az eget teremtette, …. Amikor kijelölte a tenger határát – és a vizek nem csaptak ki amikor megrajzolta a föld szilárd részét. … Ott voltam mellette, mint kedvence, napról-napra csak bennem gyönyörködött,

mindig ott játszottam a színe előtt Ott játszottam az egész földkerekségen, s örömmel voltam az emberek fiai között. *Példabeszédek, VIII–22*

Az értelem és a tudomány, e két tényező segítségével tudták, megteremteni a "szárazföldet", az egyedüli kontinenst és az élőlényeket, melyeket "rátettek", és most ez az értelem és gondolkodásmód hajtja az emberi agyat, hogy újrakezdje ezt a teremtési folyamatot. Az idők kezdete óta ez így van, az emberek más embereket teremtenek, hozzájuk hasonlókat, más bolygókon. A kör folytatódik. Egyesek meghalnak, mások fölváltják őket Mi vagyunk az önök teremtői, és önök is teremtenek majd más embereket.

"Ami van, már rég megvolt, s ami lesz, már rég megvan, ..." *Prédikátor, III–15*

"...nincs az embernek többje, mint az állatnak, ... mindkettő hiábavalóság." *Prédikátor, III–19*

Az állatok is teremtve lettek és újra lesznek teremtve. Ahogy az ember, sem többé, sem kevésbé. A kihalt állatfajták újra élhetnek majd, amikor újra tudják majd teremteni őket

Mi, a teremtők csak akkor akarunk hivatalosan mutatkozni, ha az ember hálás lesz nekünk azért, hogy megteremtettük. Félünk a gyűlölködéstől, amit nem fogadnánk el. Szeretnénk kapcsolatba lépni önökkel, és jelentős tudományos előnyünkből részesíteni önöket. Hogyha biztosak lehetnénk abban, hogy nem fordulnak ellenünk és hogy szeretnek majd minket, mint atyáikat.

"Perbe szállhat-e alkotójával a cserép ....Mondhatja-e az agyag megmunkálójának: Mit csinálsz? És a mű.: milyen ügyetlen vagy! Jaj annak aki azt mondja apjának: Miért nemzel?" *Izajás, XLV–9*

"….kipróbáltalak a nyomorúság kohójában. Magamért, csakis magamért tettem ezt meg." *Izajás, XLVIII–10*

Mivel a teremtők féltek, hogy az ember nem szereti őket Ezért hagyták, hogy önállóan haladjon a tudomány útján, szinte minden segítség nélkül.

Az embléma, melyet a gép oldalára vésve és az én ruhámon lát, az igazságot ábrázolja: ez egyaránt a zsidó nép emblémája is. A Dávid csillag: "ugyanúgy van lent, mint ahogy van fent" és közepén a szvasztika, ami azt szimbolizálja, hogy minden ciklikus, a fent lentté válik és a lent fentté.

A teremtők és az emberek eredete és rendeltetése hasonló és összefonódott.

"Nem tudjátok és nem hallottatok róla? Nem tudtok a föld teremtéséről?" *Izajás, XL–21*

Amosz-ban található a teremtők magas-hegyi bázisainak leírása:

"…fönn jár a föld magaslatai fölött …" *Amosz, IV–13*

A teremtőknek hét bázisuk volt:

"Ez a hét szem Jahve szeme: bejárják az egész földet." *Zakariás, IV–10*

Innen jön a hétágú gyertyatartó, melynek eredeti értelme elveszett, és mely eredetileg egy kapcsolótábla volt hét jelzőlámpával, melyen keresztül a bázisok kapcsolatban maradhattak egymással és a föld-körüli pályán lévő bolygóközi űrhajóval.

Ami a telepátiát illeti:

"A szó még nincs a nyelvemen, s lám Jahve már tud mindent.
Elölről és hátulról közrefogsz, s a kezed fölöttem tartod.
Csodálatos ezt tudnom, olyan magas, hogy meg sem értem."
Zsoltárok, CXXXIX–4

A telepátia elképzelhetetlen abban az időben: "Túlságosan misztikus tudomány számomra".

Az asztronómia és a bolygóközi utazás is érthetetlen volt:

"A csillagokat számon tartja, mindegyiket nevén szólítja."
Zsoltárok, CXLVII–4

Ebben a korban a távbeszélést sem érthették meg:

"Ítéletet küld a földre, szava gyorsan odaér." *Zsoltárok, CXLVII–15*

A teremtők művének döntő pontjához érkezünk, irányát illetően. Úgy döntöttek, hogy hagyják az embereket a tudomány terén haladni és soha többé nem lépnek közvetlenül közbe. Megértették, hogy ok maguk is ugyanúgy lettek teremtve, és hogy hozzájuk hasonló lények teremtésével elérték, hogy a ciklus folytatódhasson. De a célból, hogy az igazság elterjedhessen a földön, úgy döntöttek, hogy küldenek egy "messiást", aki képes lesz arra, hogy hirdesse a földön azt amit egyedül Izrael népe ismer, és ezzel előkészítsék azt a napot, amikor majd feltárják az eredeti csodát a tudomány fényében. Ekkor meghirdették:

"Betlehem ....bár a legkisebb vagy Juda nemzetségei között, mégis belőled születik majd nekem, aki uralkodni fog Izrael felett. Származása az ősidőkre, a régmúlt időkre nyúlik vissza. .... Föllép és legelteti nyáját Jahve erejében ... egészen a föld határáig. O maga lesz a béke." *Mikeás, V–1*

"Zengj éneket Jeruzsálem leánya! Nézd közeleg királyod: … alázatos, szamáron jó, … békét hirdet a népeknek, uralkodik tengertől tengerig." *Zakariás, IX–9*

A RÉSZBEN LÁTOTT KÉSZÜLÉK

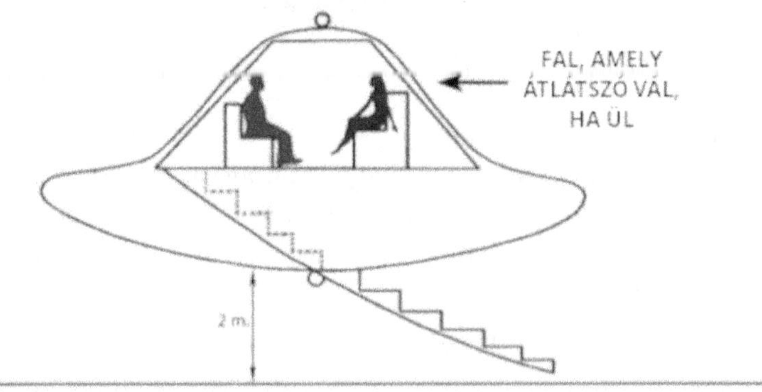

A KÉSZÜLÉKEN ÉS A FÉRFI ÖLTÖNY BRÁZOLT SZIMBÓLUM

Ezt a szimbólumot látta Rael a repülő csészealjon ábrázolni 1973-ban. Két keresztezett háromszögből (Dávid-csillag) és egy horogkeresztből áll a közepén. Ez a szimbólum azt jelenti, hogy "ami fent van, olyan, mint ami lent van", és "minden ciklikus". A Dávid-csillag a végtelent jelképezi a térben, a végtelenül nagyot és a végtelenül kicsikét, a horogkereszt pedig a végtelent az időben. Minden bizonnyal ez a legrégebbi szimbólum, amely bolygónkon előfordult, éppen azért, mert az Elohim földönkívüli civilizációjának szimbóluma, amely az élet minden formáját megteremtette a Földön.

4

Krisztus Feladata

A Fogantatá

Krisztus feladata az volt. hogy kihirdesse az egész Földön a bibliai írások igazságát a célból, hogy bizonyítékul szolgáljanak amikor a tudomány kora mindent megmagyaráz majd az embereknek, az egész emberiségnek. Ekkor a teremtők elhatározták hát, hogy fogantatnak egy gyermeket, aki egy földi asszonytól és egy közülük való férfitól származna azért, hogy öröklődés által olyan telepatikus képességei legyenek, melyek a földi embernek nincsenek.

> "… úgy találtatott, hogy gyermeket fogant a Szentlélektől."
>
> *Máté, I–18*

Természetesen Mária – a kiválasztott földi asszony – jegyese nehezen nyelte le mindezt, de:

> " ….álmában Jahve angyala így szólt hozzá…" *Máté, I–20*

A teremtők egyike eljött hozzá azért, hogy elmondja neki, Mária gyermeket vár Jahvétól.

A teremtőkkel kapcsolatban álló próféták nagyon messziről jönnek, hogy lássák az "isteni" gyermeket. A teremtők egyik gépe szolgál vezetőjükül:

"Láttuk csillagát napkeleten s eljöttünk, hogy bemutassuk neki hódolatunkat." *Máté, II–2*

"S lám, a csillag, amelyet napkeleten láttak, vezette őket, míg végre meg nem állt a hely fölött, ahol a gyermek volt."

Máté, II–3

A teremtők felügyelnek a gyermekre:

"...megjelent Józsefnek álmában Jahve angyala s ezt mondta neki: Kelj föl, fogd a gyermeket és anyját, menekülj Egyiptomba, s maradj ott amíg nem szólok, mert Heródes keresi a gyermeket, meg akarja ölni." *Máté, II–13*

A király rossz szemmel nézte a birodalma népéből származó "királyi gyermeket" akit a "próféták" hirdettek neki. Heródes király halála után a teremtők figyelmeztetik Józsefet, hogy visszajöhet Izraelbe:

"Amikor Heródes meghalt, megjelent Egyiptomban álmában Józsefnek Jahve angyala és így szólt hozzá: Kelj föl, ... és menj Izrael földjére, mert meghaltak, akik a gyermek életére törtek."

Máté, II–19

A Beavatás

Amikor elérte a férfikort, a teremtők elvitték Jézust azért, hogy felvilágosítsák arról, ki o valójában, bemutassák neki apját, elmagyarázzák küldetését és megtanítsák őt néhány tudományos "fogásra".

"Akkor megnyílt az ég, és látta, hogy az Isten lelke mint galamb leszállt és föléje ereszkedett. Az égből szózat hallatszott: Ez az én szeretett fiam, akiben kedvem telik. Akkor a lélek a pusztába vitte Jézust, hogy a sátán megkísértse." *Máté, III–16*

Az ördög, a kételkedő "Sátán", az a teremtő akiről már az előzőekben beszéltünk, még mindig meg volt győződve arról, hogy semmi jó nem származhat az emberektől. A távoli bolygó államvezetőségének ellenzéke pedig támogatta őt. Sátán próbára teszi Jézust azért, hogy megtudják pozitív gondolkodásmódja van-e, és szereti- tiszteli-e teremtőit Mivel látták, hogy megbízhatnak Jézusban, útjára bocsátották, hogy véghez vigye küldetését.

Azért, hogy a nép legnagyobb része csatlakozzon hozzá, "csodákat" tesz. Valójában csak alkalmazza a teremtőktől tanult tudományos "fogásokat".

"Elvittek hozzá minden szenvedőt, ….és o meggyógyította őket" *Máté, IV–24*

"Csodálatosak lélekben, akik szegények."
Pontatlanul fordították így a mondatot: "Boldogok a lelki szegények". Eredeti értelme ez volt: a szegények akiknek lelkük van, boldogok lesznek. Még csak nem is hasonlít hozzá…
Ezután elmondja apostolainak, hogy világszerte ki kell hirdetniük az igazságot.
A miatyánknak nevezett imádságban az igazság van leírva szó szerint:

"…jöjjön el az országod, legyen meg az akaratod, mint a mennyben úgy a földön is." *Máté, VI–10*

Az égben, a teremtők bolygóján, a tudósok végül is "hatalomra" jutottak és más értelmes értelmes lényeket is teremtettek.
Ugyanez el fog érkezni a földön is. Átveszik majd a fáklyát. Ez az imádság, melyet állandóan hajtogattak anélkül, hogy felfognák a

mély értelmét, most visszanyerte jelentését: " mint a mennyben úgy a földön is."

Jézus többek között azt is megtanulta, hogyan kell meggyőzően beszélni, egyfajta telepatikus tömeghipnózis segítségével.

> "Ezzel, Jézus befejezte ezeket a beszédeket. A nép ámult tanításán, mert úgy tanított, mint akinek hatalma van, s nem úgy mint az írástudók." *Máté, VII–28*

A teremtők segítségével folytatta a betegek gondozását, s mindezt egy bizonyos távolságról leadott, koncentrált sugárzás segítségével:

> "Egyszer csak odament hozzá egy leprás ….Jézus kinyújtotta a kezét, megérintette s így szólt hozzá: Akarom, tisztulj meg! Erre nyomban megtisztult leprájától." *Máté, VIII–1*

Ugyanez, a béna esetében. A művelet egy bizonyos távolságból leadott, a lézeren alapuló összpontosított sugár segítségével történt, mely csak egy ponton éget a különböző rétegeken keresztül.

> "Kelj föl …és menj haza! Az fölkelt és hazament." *Máté, VIII–6*

Egy kissé távolabb Máté-ban, Jézus elmondja mi a küldetése:

> "Nem azért jöttem, hogy az igazakat hívjam, hanem hogy a bűnösöket." *Máté, IX–13*

Nem az izraeli nép miatt jött, mely tud a teremtők létezéséről, hanem hogy ez az ismeret elterjedjen világszerte.

Később, az előzőekhez hasonló újabb "csodákra" került sor, melyek mind az orvostudományon alapultak. Napjainkban természetes a szív vagy más szervek átültetése, a leprából vagy ahhoz hasonló betegségekből való kigyógyítás, a kómás állapotból a szükséges kezelés segítségével való kijutás, de a primitív népek szemében mindez csodának tűnik Abban az időben az emberek hasonlóak voltak a mai primitívekhez és a teremtők hasonlóak a mai civilizált népekhez, valamivel több tudományos ismerettel.

Kissé távolabb célzást találhatunk a teremtőkre, akik között megtalálható Jézus igazi apja:

"Azokat, akik megvallanak engem az emberek előtt, én is megvallom majd mennyei atyám előtt" *Máté, X–32*

"Mennyei atyám előtt". Ez mindent megmagyaráz. Nem egy megfoghatatlan, anyagtalan "Istenről" van szó. A mennyekben van. Az persze természetes, hogy mindez felfoghatatlan volt azok számára, akik úgy gondolták, hogy a csillagok nem mások, mint az égboltra aggatott kis lámpák és mindez a világ középpontja, a föld körül lebeg. Ezzel szemben ma, amikor az űrben utaznak és felfogják annak hatalmasságát, a régi szövegek teljesen más fényben tűnnek fel.

Párhuzamos Emberiségek

A 13. fejezet egy nagyon fontos rész, ahol Jézus egy példabeszédben magyarázza:

"Kiment a magvető vetni." *Máté, 13-3*

A teremtők elindultak bolygójukról, hogy máshol életet teremtsenek. "Amint vetett, némely szem az útszélre esett. Jöttek a madarak és fölcsipegették. Más mag köves talajba hullott, ahol nem volt neki elég föld. ...Amikor azonban forrón tűzött a nap, elszáradt, mert nem volt gyökere. Ismét más szúrós bogáncsok közé esett. Amikor a bogáncsok felnőttek, elfojtották. A többi jó földbe hullott s termést hozott, az egyik százszorosat, a másik hatvanszorosat, a harmadik meg harmincszorosat. Akinek füle van hallja meg." (Máté, XIII–4)

Célzás a különböző próbálkozásokra más bolygókon, melyek közül három kísérlet nem járt sikerrel: az első a "madarak" miatt, melyek felcsipegették, valójában azért bukott meg, mert ez a bolygó túl közel volt a teremtők bolygójához. Az ellenzék, mely nem helyeselte a hozzájuk hasonló emberek teremtését, mert fenyegető veszélyt látott benne, eljött és elpusztította a teremtményeket. A második kísérletet egy olyan bolygón tették, mely túl közel volt egy forró naphoz, s ennek káros sugarai miatt a teremtmények elpusztultak. A harmadik próbát éppen ellenkezőleg, a "szúrós bogáncsok" között, egy túl nedves bolygón tették, ahol a növényzet felül kerekedett, így felborítván az egyensúlyt és elpusztítván az állatvilágot. Ez a kizárólag növényi világ még ma is létezik. Végül is a negyedik kísérlet sikerrel járt, "jó földbe hullott". És egy nagyon fontos dolog, hogy háromszor sikerrel jártak, ami azt jelenti, hogy két másik, viszonylag közeli bolygón, az emberekhez hasonló lények élnek, akiket ugyanazok a teremtők teremtettek.

"Akinek füle van hallja meg": értse meg aki tudja. Amikor eljön az idő, akik érdeklődnek iránta, megértik majd. A többiek, akik néznek, de nem látnak és hallgatnak anélkül, hogy hallanának, ők nem értik majd meg az igazságot. Azoknak, akik önmaguk bebizonyítják, hogy intelligensek és, hogy kiérdemelték a segítséget, a teremtők segíteni fognak:

> "Akinek van, annak még adnak, hogy bőségesen legyen neki, de akinek nincs azt is elveszik, amije van." *Máté, XIII–12*

Azok a népek, melyek nem tudják bebizonyítani értelmüket, el lesznek pusztítva. Az emberek már majdnem eljutottak arra a szintre, hogy a teremtők velük egyenlőkként ismerjék el őket Semmi más nem hiányzik nekik, csak …egy kis szeretet. Szeretet egymás között de főleg a teremtők iránt.

"Nektek megadatott, hogy megértsétek a mennyek országának titkait…" *Máté, XIII–11*

A három bolygó – ahol az életet megteremtették – vetélytárs lett. Ahol az emberiség a legnagyobb tudományos haladást éri el, így bizonyítva intelligenciáját, szert tehet majd a teremtők tudományos örökségére az "utolsó ítélet" napján, azzal a feltétellel, hogy nem mutatkozik ellenségesnek. Azon a napon amikor elegendő ismeretet felhalmozott. És a földi emberek nincsenek messze ettől a naptól.

Az emberi értelem az:

"Kisebb minden magnál, amikor azonban felnő, nagyobb minden veteménynél, fává terebélyesedik, úgyhogy jönnek az ég madarai, fészket raknak ágai között." *Máté, XIII–32*

Az "ég madarai", a teremtők eljönnek majd "fészket rakni ágai között", elhozzák majd tudásukat, amikor az emberek kiérdemlik azt.

"A mennyek országa hasonlít a kovászhoz, amelyet fogott az asszony, belekeverte három mérő lisztbe, s az egész megkelt tőle" *Máté, XIII–33*

Ismételt célzás a három világra, ahol a teremtők várják a tudomány felvirágzását.

"…hirdetem, ami a világ teremtésétől fogva el volt rejtve."
Máté, XIII–35

Mivel – és ez egy nagyon fontos dolog – a bolygóknak van egy bizonyos élettartamuk, s egy napon nem lesznek többé lakhatók, az embereknek addigra el kell érnie egy olyan tudományos szintre, mely lehetővé teszi, hogy elköltözzön egy másik bolygóra, vagy pedig teremtsen egy másik emberi fajtát egy másik bolygó feltételeihez alkalmazkodva azért, hogy az emberi faj fennmaradjon akkor is, ha o maga nem képes alkalmazkodni egy másik világhoz. Ha a bolygó feltételeit nem tudjuk átalakítani az emberhez, olyan emberfajtát kell alkotni, mely alkalmazkodik a bolygón található feltételekhez. Például pusztulása előtt megteremtve egy másik emberfajtát, mely képes egy teljesen más légkörben élni, és amely majd örökölheti teremtői elpusztulása előtt azok tudását.

Azért, hogy az örökség ne vesszen el, a teremtők három bolygón alkották meg az életet, de csak a legjobb lesz rá jogosult.

> "Így lesz a világ végén is: elmennek az angyalok, aztán kiválogatják a gonoszakat az igazak közül …" *Máté, XIII–49*

A kenyérszaporítást már magyaráztuk az előzőekben Tabletta formába koncentrált élelmiszerről van szó, melyhez hasonlóval táplálkoznak az űrhajósok, s mely az összes fontos tápanyagot tartalmazza. Innen való az "ostya", melynek formája még emlékeztet is egy tablettára. Néhány kenyérnek megfelelő mennyiséggel el lehet látni több ezer embert.

Tudományos Csodák

Amikor Jézus a vízen jár, a teremtők egy anti-gravitációs sugárral tartják fenn, mely egy ponton megsemmisíti a nehézségi erőt.

> "…a víz tükrén elindult feléjük." *Máté, XIV–25*

Ez egyébként örvényt is kavart. Így írták le:

> "Az erős szél láttára azonban megijedt (Péter) …Amikor beszállt
> a bárkába, a szél nyomban elült." *Máté, XIV–30*

A "szél elült" amikor beszálltak a bárkába, mivel a sugárzás megszűnt, amikor Jézus a hajóban volt. Ismét egy teljesen tudományos "csoda". Csodák nincsenek, csak civilizációk közötti eltolódás van. Ha megjelennének Jézus korában egy űrhajóval vagy akár csak egy helikopterrel, még az önök korlátozott tudományos ismereteivel is képesek lennének számukra csodákat tenni, pl. mesterséges fényt csinálva, az égből leereszkedve, egy autóban utazva, a televíziót nézve vagy egy puska segítségével egy madarat megölve, mivel ok képtelenek lennének megérteni az önök gépeinek működését, s természetfelettit, "isteni" erőt látnának mögötte. Gondoljon arra, hogy ugyanakkora eltolódás van önök és a Jézus korabeli emberek között, mint mi és önök között. Még mindig tudnánk olyan dolgokat csinálni, melyek csodának tűnnének önök számára. De a legelőrehaladottabbaknak önök közül, már nem lennének valóban csodák, mivel néhány évtizede a tudomány útjára léptek és ezért a dolgok miértjét keresnék ahelyett, hogy hasra vetnék magukat és adományokat hoznának.

De a mi ismereteink olyan méretűek, hogy még a legelismertebb tudósaik sem gondolhatnának arra, hogy megfejtsék, hogyan valósítjuk meg ezeket a "csodákat". Talán néhány valóban előrehaladott elme nem zavarodna meg, de a pánik magával sodorná a tömegeket. A tömeget, mely egyébként már nem lepődik meg sok mindenen, de azért még el tudnánk őket kápráztatni. Egyébként is meg kell, hogy tudják, hogy nincsenek anyagtalan "istenek", hanem emberek vannak, akik hozzájuk hasonló embereket alkottak.

Máté, XVII. fejezetében a teremtők ismét megjelennek:

> "...Jézus maga mellé vette Pétert, Jakabot és testvérét, Jánost, s fölment velük egy magas hegyre. Ott elváltozott előttük, arca ragyogott, mint a nap, ruhája pedig olyan fehér lett, hogy vakított, mint a fény. S íme, megjelent Mózes és Illés, és beszélgettek vele. ...hirtelen fényes felhő borult rájuk, s a felhőből szózat hallatszott: Ez az én szeretett fiam...őt hallgassátok!" *Máté, XVII–1*

Mindez éjszaka történik, s az apostolok mind meg vannak lepődve, ahogy Jézust megvilágítják az űrhajó reflektorai, s látják Mózest és Illést akik még mindig élnek, mivel részesültek az "élet fájából". A halhatatlanság egy tudományos realitás még akkor is, ha ez nem felel meg annak a képnek amit az ember csinált magának róla.

Ez a mondat:

"Sokan lesznek elsőkből utolsók és utolsókból elsők."

Máté, XIX–30

azt jelenti, hogy a teremtettekből teremtők lesznek, ahogy a teremtők is teremtve lettek.

Az Örökség Kiérdemlése

Máté, XXV. fejezetében ismét le van írva, hogy mind a három bolygónak haladnia kell, s hogy mindez el lesz bírálva egy napon. Innen a példabeszéd:

"Úgy lesz mint azzal az emberrel aki idegenbe készült. Összehívta szolgáit, s rájuk bízta vagyonát. Az egyiknek öt talentumot adott, a másiknak kettőt, a harmadiknak csak egyet, ….megjött a szolgák ura, és számadást tartott. Jött aki öt talentumot kapott és felmutatta a másik öt talentumot. …Jött az is aki két talentumot kapott: …nézd másik kettot szereztem. Végül jött az is aki csak egy talentumot kapott. Vegyétek el tole a talentumot és adjátok oda annak, akinek tíz talentuma van. Mert annak akinek van, még adnak, hogy boven legyen neki. Akinek meg nincs attól még amije van is, elveszik." *Máté, XXV-14*

A három teremtett világ közül az, amelyik s legnagyobb haladást éri el, kapja meg az örökséget. Az, amelyik nem haladt, el lesz nyomva és megalázva a másik által. Ez így igaz a föld népei között is.

A XXVI. fejezetben Jézus feltárja halálának és az írásoknak fontosságát, melyeknek az a szerepe, hogy a későbbiekben tanúskodjanak. Amikor egyik kíséroje meg akarja védeni kardjával, így szól:

> "Tedd vissza hüvelyébe kardodat. …Vagy azt hiszed, hogy nem kérhetném atyámat s nem küldene tizenkét légió angyalnál is többet. De akkor hogy teljesedne be az Írás, amely szerint ennek így kell történnie." *Máté, 26-52*

Természetesen Jézusnak meg kell halni, hogy az igazság elterjedhessen, hogy késobb, amikor a teremtok visszajönnek majd, ne nézzék oket elnyomóknak vagy bitorlóknak. A bibliai és evangéliumi írásoknak ez a feladatuk. Hogy jelenlétüknek és munkájuknak nyomait megőrizzék és, hogy visszatértükkor az emberek elismerjék őket.

Jézus, halála után a teremtők segítségével feltámad:

> "…nagy földrengés támadt. Jahve angyala leszállt az égből, odament, elhengerítette a követ és ráült. Tekintete olyan volt mint a villám, öltözete meg mint a hó." *Máté, XXVIII–1*

A teremtők ápolják és újraélesztik Jézust. S o így szól: "Menjetek tehát, tegyétek tanítványommá mind a népeket!

> …és tanítsátok meg őket mindannak a megtartására amit amit megparancsoltam nektek." *Máté, XXVIII- 19*

Jézus küldetése befejeződik.

> "…miután szólt hozzájuk, fölment a mennybe…" *Márk, XVI–19*

E nagyon fontos mondat után a teremtők elvitték magukkal:

"…ezek a jelek fogják kísérni: …kígyókat vehetnek kezükbe, és
ha valami mérget isznak, nem árt nekik, ha pedig betegre teszik
a kezüket, azok meggyógyulnak." *Márk, XVI–17*

Amikor az emberek megismerik majd a méreg elleni szérumot, az
ellenmérget, kifejlesztik a sebészetet stb. Vagyis napjainkban.

A teremtők, mielőtt visszajönnének, egyre gyakrabban mutatkoznak
majd, hogy előkészítsék jövetelüket – ahogy ez manapság történik- és
hogy nagyobb súlyt adjanak feltárásaiknak.:

"Gondoljatok a fügefára …amikor gyümölcsöt hoznak,
tudjátok, hogy nemsokára itt a nyár." *Lukács, XXI–29*

Amikor az azonosítatlan repülő tárgyak tömegével megjelennek –
ahogy manapság – az azt jelenti, hogy eljött az idő…
Az Apostolok cselekedetei II. Fejezetében ezt írják:

"Amikor elérkezett pünkösd napja, …mindnyájan együtt
voltak. Egyszerre olyan zúgás támadt az égből, mintha csak
heves szélvész közeledett volna, és egészen betöltötte a házat,
ahol egybegyűltek. Majd lángnyelvek lobbantak és szétoszolva
leereszkedtek mindegyikükre. Mindannyiukat eltöltötte a
Szentlélek és különböző nyelveket kezdtek beszélni."

Ap. csel. II–1

A teremtők felgyorsított tanítási módszerrel, felerősített,
elektrosokkhoz hasonlítható telepatikus hullámokkal, megtanítják az
apostoloknak idegen nyelvek alapjait. Így az egész földön el tudják
majd terjeszteni az igazságot.

Az Apostolok cselekedeteiből ki kell emelni a teremtők – az
angyalok- többszörös megjelenéseit, mint pl. Péter, akit Heródes
leláncolt, kiszabadítását:

"Egyszerre csak megjelent Jahve angyala, a helyiséget pedig fény árasztotta el. Az angyal oldalba lökte Pétert, s fölébresztette: Kelj föl gyorsan! Erre a láncok lehulltak a kezéről. Aztán így folytatta az angyal: Csatold fel övedet és vedd fel sarudat! Amikor megtette, tovább sürgette: Vedd magadra köntösöd és kövess! Ment és követte, de nem tudta, hogy valóság-e amit vele az angyal tesz. Azt gondolta látomása van." *Ap. csel. XII–7*

Péter a primitív, aki látja láncait maguktól lehullani, azt hiszi látomása van. Nem ismeri a lézer-vágót, melyet a teremtők egyike használ. Mikor ilyen fantasztikusnak tűnő dolgok történnek, azt gondoljuk álmodunk. Ezért is gyakran mondják azokról akik gyakran látták a teremtőket, hogy látomásuk van, vagy álmokat látnak. Itt világosan megmagyarázzák, Péter azt gondolta álmot lát, pedig mindez valójában megtörtént.

"…aztán eljutottak a …vaskapuhoz, és ez magától kinyílt előttük …aztán az angyal hirtelen eltűnt mellőle" *Ap. csel. XII–10*

Egy másik jel arra, hogy eljött az idő, hogy Izrael népe megtalálta országát:

"Aztán visszatérek és újra fölverem Dávid bedőlt sátrát…" *Ap.csel. XV–16*

Másik fontos mondat egy következő fejezetben:
"Az ő fiai vagyunk." Mondja egy apostol Istenről beszélve.
Nem folytatjuk tovább az evangéliumok olvasását, ahol még sok más célzás található a teremtőkre vonatkozólag, de kevésbé fontosak.
Ön is meg tudja majd magyarázni azoknak akik kérdéseket tesznek föl az eddig adott magyarázatok segítségével. És ismét elment, mint az előző alkalmakkor.

5

A Világ Vége

1946, Az Új Korszak Elso Éve

Másnap visszajött, és beszélni kezdett : Eljött a világ végének ideje. Nem annak a világvégének, mely egy katasztrófával elpusztítja a Földet, hanem az egyház világának vége, mely elvégezte feladatát. Többé-kevésbé jól, de elvégezte. Azt a népszerűsítési munkát, mely által a teremtők el lesznek ismerve érkezésükkor. Mint Ön is észrevehette, a keresztény vallás haldoklik. Eljött a vége ennek a világnak, mivel befejezte munkáját, elég sok hibával ugyan, mert túl sokáig akarta isteníteni a teremtőket Ez hasznos volt a tudományos kor kezdetéig, ahol azonban meg kellett volna húzni a határvonalat ha a való igazságot hirdette volna, és ha tudtak volna olvasni a sorok között. De túl sok hibát ejtettek. Ez előre látható volt, s az egyház összeomlik, mivel már semmire nem jó. A tudományosan fejlett népeket a közömbösség gyötri, mivel nem hisznek már semmiben. Nem hisznek már a fehér szakállú "Jóistenben", aki a felhőn csücsül és mindenhol jelen van, ahogy nem hisznek a kedves kis őrangyalokban sem és a patás-szarvas ördögben sem… Tehát nem tudnak már miben hinni. Csak néhány fiatal értette meg, hogy a szeretet a legfontosabb. Elérkeztek az "aranykorba". Önök, a földi emberek az égben repülnek, hangjukat elküldik a föld négy sarkára a rádióhullámok segítségével, eljött az idő, hogy az igazság feltáruljon önök előtt.

Mint ahogy az le lett írva, mindez most következik be, amikor a Föld belépett a Vízöntő jegyébe. Néhányan már megírták ezt, de az emberek nem hittek nekik. Huszonkét ezer éve, amikor a teremtők elhatározták, hogy művüket a földön alkotják meg, mindent előre láttak, mivel a galaxis mozgása magában foglalja ezeket az ismereteket. Krisztus és halászai voltak a halak, és az azt követő vízöntő 1946 óta elérkezett.

> "Azon a napon … harsány kiáltás hallatszik majd a Hal-kapu felől…" *Szofoniás, I–10*

A Hal-kapu az átmenet a Vízöntő korába. Az a pillanat, amikor a tavaszi nap-éj egyenlőségkor a nap, a vízöntő jegyében emelkedik a Föld fölé. A harsány kiáltás az a zaj amit a feltárás fog okozni. És az sem véletlen, hogy Ön 1946-ban született.

Az Egyház Vége

Ez az üzenet a felvilágosodást hordozza magában, mely visszaadja majd a reményt és a boldogságot a mogorváknak. De egyúttal felgyorsítja majd az egyház bukását is, kivéve ha az felismeri hibáit és az igazság szolgálatába áll.

> "Mert a zsarnok nem lesz többé, a gúnyolódó kipusztul, és mind kiirtják, akik gonoszat forralnak. Azokat akik gonoszul megrágalmaznak másokat, akik tőrbe ejtik a bírót a kapuban, és az igazat alaptalanul megfosztják jogától." Izajás, XXIX–20

Lejárt az ideje azoknak akik az eredendő bűnt hirdetik és az emberek bűntudatát akarják felébreszteni. Azoknak, akik csapdát állítanak az elé aki az igazságot hirdeti a Hal-kapu idején, a Vízöntő jegyébe való átmenetkor, hogy megmentsék az egyházat régi formájában, azt az igaz embert mellőzve, aki az igazságot hirdeti, mondja vagy írja. Ugyanúgy mint azok akik meg voltak győződve arról, hogy az igazságot védik, amikor keresztre feszítették Jézust anélkül, hogy megpróbálták volna megérteni, s attól való félelmükben, hogy a halak jegyébe való átmenetkor ki lesznek semmizve és lemészárolva.

"A látók ne csukják be a szemüket, és a hallók füle felfigyel. Az esztelenek szíve megtanulja a bölcsességet, és a dadogók nyelve érthetően beszél. A balgát nem nevezik többé nemesnek, s nem mondják becsületesnek az álnokot." *Izajás, XXX*

"Mert a balga balgaságot beszél, és a szíve gonoszságot forral, hogy istentelenséget vigyen végbe, és álnokul Jahve ellen szóljon, hogy éhen hagyja az éhezőket, és megtagadja az italt a szomjazóktól. Az álnok ember fegyverei igen gonoszak, mert gonosz terveket kovácsol, hogy hazug beszéddel tönkre tegye a szegényt, még akkor is ha bebizonyítja igazát. Ám a nemes nemeshez méltóan gondolkodik, és kitart a nemes dolgokban."*Izajás, XXXII–3*

Akkor mindenki megérti majd: "a látók nem csukják be a szemüket". Az egyház, mely Jahve nevében eltévelyítő gondolatokat hirdet és az igazságra éhező lelkeket éhesen hagyja, ő az aki terveket sző, hogy kisemmizze a szegényeket és úgy intézi, hogy azok akik tudják, vagy nem merik megérteni, huek maradjanak hozzá a buntol, a kiközösítéstol, vagy más ostobaságoktól való félelmükben. Amikor a szukölködo eloadja problémáját, az aki nem elég értelmes ahhoz, hogy felfogja az igazságot, az egyház hazugságainak védelmébe áll, annak tanácsára. De a nemes erosen hirdeti az igazat és nemes tetteket visz véghez az embereket eltipró egyház hozzájárulása nélkül is.

"Nem tudjátok és hallottatok róla? Nem hirdették nektek kezdettol fogva? Nem tudtok a föld teremtésérol?" *Izajás, XL–21*

"Nézzétek, a szolgám, akit támogatok, a választottam, akiben kedvem telik. Kiárasztom rá lelkemet, hogy igazságot vigyen a nemzeteknek."

Izajás, XLII–1

Ön az aki el fogja terjeszteni az igazságot világszerte, ezt az igazságot, melyet e pár nap alatt feltártam önnek.

"A megtört nádszálat nem töri össze, a pislákoló mécsbelet nem oltja ki." *Izajás, XLII–3*

Nem tudja majd teljesen lerombolni az egyházat és hazugságait, de az majd magától összeomlik. Összeomlása egyébként már egy ideje megkezdődött. "A mécses pislákol" Bevégezte küldetését, és itt az ideje, hogy megsemmisüljön. Hibákat követett el és túlságosan meggazdagodott az igazság rovására, s nem kereste annak módját, hogy azt világosan megértesse a korabeli emberekkel. De ne ócsárolja túlságosan, mivel a Biblia, az igazság tanúja, az Ő munkája által található meg a világon mindenhol. Mindettől függetlenül nagyok a vétkei, különösen az, hogy túl sok misztikumot kevert az igazságba, helytelenül fordítva a bibliai írásokat, az "Elohim" szót -mely a teremtőket nevezi meg- az egyszemélyű "Isten"-nel helyettesítette be, pedig Elohim, héberül az Eloha többesszáma. Ezáltal elváltoztatta a teremtőket egy felfoghatatlan, egyetlen istenné. Egy másik hibájuk, hogy két keresztbe tett fadarabot imádtak Jézus emlékére. Jézus nem egy kereszt. Két keresztezett fadarab nem jelent semmit.

"Nem akad köztük, aki elgondolkodna, akiben értelem és belátás volna és így szólna: A felét elégettem a tűzben, a parazsán kenyeret sütöttem, sőt húst is sütöttem és megettem. A maradékból meg bálványt faragjak, hogy egy fatuskó előtt boruljak le?" *Izajás, XLIV-19*

Az Izraeli Állam Megteremtése

A zsidó nép visszatérése Izraelbe az Aranykor egyik jele melyet már megírtak:

> "Napkeletről idehozom nemzetségedet, és összegyűjtelek napkeletről. Azt mondom majd északnak: Add vissza őket! És délnek: Ne tartsd vissza őket! Hozd vissza fiaimat a távolból, és leányaimat a föld határairól. Mind, akik az én nevemet viselik, akiket a dicsőségemre teremtettem, akiket én formáltam és alkottam." *Izajás, XLIII-5*

S ez valóban Izrael állam megteremtése, mely fogadja a zsidókat északról és délről. És tény, hogy a Biblia, melyet a zsidók maguknak megtartottak, tanúskodik a teremtők jöveteléről:

> "Ti vagytok tanúim…"

"Lépjen elő a nép, melynek van szeme mégis vak, és bár van füle mégis süket. Gyűljenek össze a nemzetek, és a népek gyülekezzenek össze. Ki hirdetett ilyet valaha közülük, és ki adhatta volna tudtunkra a régvolt dolgokat? Hozzák elő tanúikat, hogy bizonyítsák igazukat, s így, aki hallja őket, azt mondhassa: Úgy van."

> "Magatok vagytok a tanúim – mondja Jahve, a szolgáim akiket kiválasztottam, hogy az emberek megtudják és higgyenek nekem, és megértsék, hogy én vagyok. Előttem isten nem alkotott, és utánam sem támad soha." *Izajás, XLIII-8*

"Ti vagytok a tanúim" ez világos nem? És a mai napon megismételhetem, "én vagyok", hála a Biblia tanúskodásának, melyet a kezében tart.

"Igaz, elhagytalak egy röpke pillanatra, de most nagy irgalommal visszafogadlak." *Izajás, LIV-7*

És Izrael népe valóban megtalálta országát, mivel segített fenntartani az igazságot. Meg lett jósolva az idő, amikor az ember a betegségek fölé kerekedik a tudomány által:

"Nem lesz többé benne olyan gyermek, aki csak néhány napig él. Sem öreg ember, aki ne töltené be élete napjait." *Izajás, LXV-20*

Az orvostudomány által az emberek győzedelmeskednek a betegségek felett és megelőzik a gyermekhalálozást.

"Az okos ember ajkán bölcsesség van, de botot érdemel az ostoba háta." *Példabeszédek, X-13*

Az Egyház Hibái

Az egyház valóban hibázott, amikor bűnösnek mondta az embereket és imádkoztatta őket anélkül, hogy megpróbálta volna megértetni velük az igazságot.

"Amikor imádkoztok, ne szaporítsátok a szót, mint a pogányok, akik azt hiszik, hogy ha ömlik belőlük a szó, nyomban meghallgatásra találnak." *Máté, VI-7*

És ez le van írva az evangéliumban. Az egyház túlságosan meg is gazdagodott, pedig le van írva:

"Senki nem szolgálhat két úrnak: vagy gyűlöli az egyiket, a másikat pedig szereti, vagy ragaszkodik az egyikhez, a másikat pedig megveti. Nem szolgálhattok az Istennek is, a Mammonnak is." *Máté, VI-24*

"Övetekbe ne szerezzetek se arany, – se ezüst, – se rézpénzt. Ne vigyetek magatokkal az útra tarisznyát, se két ruhát, se sarut, se botot." *Máté, X-9*

Ostoba szabályaikkal és pénteki böjtjeikkel ok maguk sem tartották be saját evangéliumukat:

"Nem az szennyezi be az embert, ami a szájába kerül, hanem ami elhagyja a száját, az szennyezi be az embert." *Máté, XV-11*

Hogyan merészelnek ezek az emberek, akik csak egyszerű emberek, a Vatikán gazdagságában és luxusában uraskodni, amikor az evangélium azt mondja, hogy ne legyen se aranyuk, se ezüstjük, de még csak egy második ruhájuk se. Hogyan merészelnek a jóságról prédikálni?

"Jézus most tanítványaihoz fordult: bizony mondom nektek, a gazdagnak nehéz bejutnia a mennyek országába." *Máté, XIX-23*

"Elviselhetetlenül nehéz terheket hordanak össze és raknak ez ember vállára, de maguk ujjukkal se hajlandók mozdítani rajta. Minden tettükben az vezeti őket, hogy az emberek előtt feltűnjenek. ...Szívesen elfoglalják a lakomákon a főhelyeket, ...szeretik, ha a főtereken köszöntik őket, ...Ti ne hívassátok magatokat rabbiknak, mert egy a ti mesteretek, ti pedig mindnyájan testvérek vagytok. Atyának se szólítsatok senkit a földön, mert egy a ti atyátok, a mennyei. Tanítónak se hívassátok magatokat, mert egy a ti tanítótok, a Krisztus. Aki nagyobb közületek, az a szolgátok lesz." *Máté, XXIII-4*

És mindez le van írva az evangéliumban. Hogyan merészeli az egyház úgynevezett bűnökkel sújtani az embert, melyek nem mások, mint eltérő életfelfogások és erkölcsök. Jóságról beszélni és közben a Vatikán fényűzésében élni, mialatt emberek halnak éhen. Meghívattatni magát és elfogadni a dicsőséget, s az alázatosságról prédikálni, atyámnak, eminenciásnak vagy őszentségének szólíttatni magukat, amikor saját evangéliumuk ezt megtiltja nekik! Ha holnap a pápa elindulna koldustarisznyájával, az egyház újraéledne. De egy az eddigitől teljesen különböző, emberbaráti céllal: hogy kihirdesse azt, ami napjainkban bizonyítékul szolgál. Ez a küldetés befejeződött, de az egyház átállhat a jóság útjára, a szerencsétlen népeknek való segítségnyújtással, az eddig meghamisított vagy titokban tartott írások valódi értelme hirdetésének támogatásával. Néhány egyházi ember nagylelkűsége így beteljesülhetne Ehhez a Vatikánnak kell példát mutatnia azzal, hogy eladja értékeit és a hasznot a fejletlen népek megsegítésére fordítja úgy, hogy kétkezi munkájával, és ne csak a "jó igével" segítse azokat. Elfogadhatatlan, hogy az emberek gazdagságától függően különböző szintű esküvők és temetkezések legyenek. Ismét az egyház hibája. De eljött az idő!

A Vallások Eredete

Az igazság nyomait megtalálhatjuk gyakorlatilag minden vallásban, nem csak a Bibliában vagy az evangéliumokban. A Kabala az igazságról tanúskodó írásokban leggazdagabb könyvek egyike, de nem könnyű hozzájutni. Ha egy napon a kezébe akad egy példány, megállapíthatja, hogy sok célzás utal ránk. Különösen az Énekek Éneké-nek egy leírása a teremtők bolygójáról, és annak a Földtől való távolságáról. Ezt mondják benne: "a teremtők magassága" 236000" "parasange", "sarkuknak magassága" pedig 30 millió "parasange". A parasange egy mértékegység mint a "parszek", ami azt a távolságot jelenti, melyet a fény megtesz egy másodperc alatt, vagyis kb. 300000km. A mi bolygónk 30 millió "parasange"-ra van, tehát kb. Kilenc-ezer milliárd km-re, vagyis egy kicsit kevesebb egy fényévnél. A fény sebességével haladva, ami 300000 km másodpercenként, majdnem egy évbe telne, hogy bolygónkra eljusson. Az önök jelenlegi űrhajóival melyek kb. 40000km-es óránkénti sebességgel haladnak, majdnem 90000 év eltelne, mire eljutnának hozzánk. Mint láthatja, egyelőre nincs mitől tartanunk. Nekünk megvan technikai lehetőségünk rá, hogy kevesebb mint két hónap alatt eljussunk a Földre, az atom hajtóerejének segítségével, mely által a fény sebességénél hétszer gyorsabban haladhatunk. Ahhoz, hogy e sugárzás "hordozhasson" minket, elhagyjuk az optikai ablakot (azon hullámok összességét melyet a szem képes felfogni), és ráállunk a hordozó hullámokra. A földi megfigyelők ezért írták le gépeinket úgy, hogy fényessé válnak, nagyon fényes fehérré, aztán kékké, majd eltűnnek. Egyértelmű, hogy amikor egy gép eléri a fény sebességét, szabad szemmel nem látható, vagyis eltűnik. Íme, a teremtők sarkának magassága, az a távolság melyre sarkai pihennek egy bolygón. A teremtők bolygója 236000 "parasange"-ra van napjától, ami 70 milliárd nyolcszáz-ezer km. Ez a teremtők magassága napjukhoz, egy nagy csillaghoz képest. A Kabala van a legközelebb az igazsághoz, de majdnem mindegyik vallási könyv céloz ránk többé-kevésbé világosan, különösen azokban az országokban, ahol a teremtőknek bázisaik voltak:

Az Andok hegyláncán, A Himaláján, Görögországban, ahol a mitológia telítve van bizonyítékokkal. A Buddhista, Iszlám, Mormon és más vallásokban is találhatók munkánkról tanúskodó, többé-kevésbé világos utalások.

Az Ember: A Világegyetem Betegsége

Íme, megismerte az igazságot. Írja le és ismertesse meg a világgal. Ha a földi emberek akarják, hogy megosszuk velük tudásunkat, miáltal 25000 évet nyerhetnek, meg kell mutatniuk, hogy találkozni akarnak velünk és főleg, hogy kiérdemlik azt, s hogy számunkra mindez veszélytelen. Ha átadjuk ismereteinket az embereknek, biztosak akarunk lenni abban, hogy azokat jó célra használják majd fel. Ez utóbbi években tett megfigyeléseink nem győztek meg arról hogy a bölcsesség uralkodik a Földön. Tény, hogy van haladás, de még mindig halnak éhen emberek, és a harci szellem még világszerte létezik. Tudjuk, hogy érkezésünk sok problémát megoldana és egyesítené a nemzeteket, de érezni szeretnénk, hogy az emberek valóban ezt kívánják o maguk megkezdik az egyesülést. Másrészről érezni akarjuk, hogy valóban fogadni kívánnak minket, annak tudatában léve, hogy kik vagyunk. Több esetben az emberek harci repülőgépei megpróbálták üldözőbe venni gépeinket, ellenségnek nézvén azokat. Meg kell magyarázni nekik kik vagyunk, hogy mutatkozni merjünk annak kockázata nélkül, hogy megsebesítenének vagy megölnének minket, vagy hogy gyilkos és veszélyes pánikot keltenénk. Néhány kutató rádióhullámokkal próbál velünk kapcsolatba lépni, mi azonban nem válaszolunk, mert nem akarjuk, hogy megismerjék bolygónk elhelyezkedését. Egyébként is az átadási idő túl hosszú lenne, és a mi adókészülékeink olyan hullámokat használnak, amelyet önök nem tudnának felfogni mivel még nem ismerik azokat. Hétszer gyorsabbak mint a rádióhullámok, és mindig új hullámok kidolgozásán kísérletezünk, melyek másfélszer gyorsabbak mint ez utóbbiak. A haladás folytatódik, és kutatásaink azzal a céllal haladnak, hogy megértsék és kapcsolatba lépjenek a nagy lénnyel, melynek mindnyájan részeit képezzük az atomok parazitái lévén, és mely atomok nem mások, mint a bolygók és a csillagok. Valóban felfedeztük, hogy a végtelenül kicsi szintjén értelmes lények élnek a részecskéken, melyek bolygók és napok, és kérdéseik ugyanazok mint amiket mi teszünk fel. Az ember a hatalmas lénynek egy "betegsége", melynek bolygóinak és csillagainak az atomjai. És ez mindkét irányban végtelen. De az a legfontosabb, hogy "betegsége", az emberiség, folytassa létezését és soha ne haljon ki. Amikor önöket teremtettük nem tudtuk, hogy egy belénk programozott második küldetést vittünk véghez, így elismételve azt, amit velünk is véghez vittek. Teremtményeink és azok haladása fényében felfedtük saját eredetünket. Mert mi is teremtve lettünk más emberek által, akik ma már eltűntek. Bolygójuk bizonyára szétbomlott, de hála nekik át tudtuk venni a fáklyát és megteremteni önöket. Talán egy napon eltűnünk majd, de addigra önök felváltanak minket. Tehát önök egy értékes emberi folyamatnak a láncszemei. Más világok is léteznek és az emberiség valószínűleg fejlődik a világegyetem más pontjain is. De ebben a részben a mi világunk az egyetlen mely életet teremtett, és ez nagyon fontos, mivel minden világból születhet megszámlálhatatlan értékes gyermek a folytatáshoz. És ez remélni engedi, hogy egy napon az ember nem lesz a teljes kipusztulás veszélyében. De nem vagyunk biztosak abban, hogy valaha is az emberiség mennyiségileg gyarapodhasson. A folyamat folytatódik a végtelen óta, és a hatalmas test egyensúlya, melynek mi csak egy betegsége, egy parazitája vagyunk, megkívánja, hogy ne fejlődjünk ki túl nagy mértékben, annak veszélyében, hogy egy katasztrófához vezető reakciót váltsunk ki, mely jó esetben a visszafejlődéshez, rossz esetben a teljes kipusztuláshoz vezetne. Úgy ahogy egy egészséges testben néhány baktérium veszély nélkül élhet, de ha túl nagy mértékben elszaporodnak az egész szervezetet veszélyeztető betegséget okoznak, mire a szervezet természetes módon vagy gyógyszerek segítségével reagál azzal a céllal, hogy elpusztítsa a felelős baktériumot. Az a fontos tehát, hogy elegendő világot teremtsünk ahhoz, hogy az emberiség ne pusztuljon ki, szem előtt tartva az egyensúly betartását, és energiánkat a már létező világok boldogságának emelésére fordítsuk. És ezen a téren tudunk önöknek segíteni.

Az Evolúciós Elmélet: Egy Mítosz

Egy zárójelet nyitok itt meg, hogy az evolúciós elmélet összes kételyét eloszlassam elméjéből. Tudósaik, akik felállították az evolúciós elméletet, nem tévednek teljes mértékben amikor azt állítják, hogy az ember a majomtól származik, a majom a haltól stb. Valóban, a Földön teremtett első élőlény egysejtű volt, és azután születtek más, összetettebb élőlények. De nem véletlenül! Amikor megérkeztünk a Földre, a céllal, hogy ott az életet megteremtsük, a legegyszerűbb teremtményekkel kezdtük, majd kifejlesztettük technikánkat, mely által e lényeket a környezetükhöz alkalmaztattuk, s megalkottuk a halakat, békaféléket, az emlősöket, madarakat, a főemlősöket és végül az embert, mely nem más, mint egy továbbfejlesztett majom fajta. Ehhez hozzáadtuk azt ami emberré tesz bennünket, a mi képünkre alkottuk, ahogy az le is van írva a bibliai Teremtésben. Ön is beismerheti, hogy egy véletlen egyedfejlődés nem vezethet ilyen nagy számú különböző életformához, a madarak változatos színéhez és azok násztáncához, néhány antilopfajta szarvformájához. Mely természetes szükséglet alakíthatta volna ki egyes antilopfajták spirális szarvát, vagy a madarak tollának piros és kék színét vagy az egzotikus halakat? Mindez művészeink műve. Ne feledkezzenek el a művészekről, amikor majd önök is életet teremtenek. Képzeljenek el egy világot nélkülük: zene filmek, festmények és szobrok nélkül… Az élet igazán unalmas lenne és az állatok csúnyák, ha a testük kizárólag csak a szükségleteikre és életfenntartásukra lenne megfelelő. A földi életformák evolúciója nem más, mint a teremtők technológiájának és a teremtett lények bonyolultságának fejlődése, hogy mindez egy őhozzájuk hasonló lény megalkotásával fejeződjön be. Megtalálhatják az őskori emberek koponya maradványait, melyek az ember első prototípusainak koponyái, melyeket azután más, továbbfejlesztett példányok szorítottak ki helyükből egészen addig, míg a teremtők megalkották pontos hasonmásukat. A teremtők féltek egy olyan lényt alkotni mely náluk fejlettebb lenne, igaz néhányukat megkísértette a gondolat. Ha biztosak lehettünk volna benne, hogy nem fordulnak ellenünk, hogy uraljanak vagy megsemmisítsenek bennünket – ahogy ez be is következett a Földön egyidőben teremtett emberfajták között-ahelyett, hogy atyáikként tisztelnének minket, nagy lenne a kísértés az emberi faj tovább fejlesztésére. Mindez lehetséges, de milyen nagy a kockázat!

A teremtők közül néhányan attól tartanak, hogy a földi ember valamivel fejlettebb atyáinál. Sátán azok egyike – akik mindig azt vélték és még most is kitartanak e véleményük mellett – hogy a földi ember egy kissé túl intelligens, s így veszélyt jelent a mi bolygónk számára. De többségünk úgy gondolja, önök majd bebizonyítják, hogy szeretnek és soha nem próbálnak elpusztítani minket. Ez a legkevesebb amit elvárunk mielőtt az önök segítségére jönnénk. Egyébként egy csekély fejlődés mindig lehetséges amikor az emberek más embereket teremtenek – ez lenne az emberi faj valóságos egyedfejlődése – mely lassú ugyan, de a teremtők így nem érzik veszélyben magukat a teremtett néppel szemben, s ezáltal a fejlődés egyre nagyobb léptekkel haladhat. Úgy gondoljuk, hogy nem adhatjuk még át önöknek tudományos ismereteinket, viszont politikai és emberbaráti tapasztalataink átadása nem jelent számunkra veszélyt. Ez nem veszélyezteti bolygójukat, ellenben alkalmazásával boldogabban élhetnek majd a Földön és a jólét által nagyobb haladásra tehetnek szert. Mindezzel hamarabb kimutathatják nekünk, hogy kiérdemlik segítségünket és örökségünket, hogy eljuthassanak az intergalaktikus civilizációk szintjére. Ha pedig az emberek agresszivitása nem csillapul s a béke nem válik az egyetlen céllá, ha munkálkodni hagyják azokat akik fegyverek gyártásával és háborús atomkísérletekkel támogatják a harci szellemet, s elnézik, hogy a hadseregek létezzenek, hatalmon maradjanak vagy azt átvegyék, akkor meg fogjuk akadályozni, hogy a mi számunkra veszélyessé válhassanak, s egy új "Szodoma és Gomorrá"-ra kerül majd sor. Hogyne tartanánk a földi emberektől, akik saját hasonmásaikat megtámadják, hogyne félnénk mi, akik egy másik világból jövünk és egy kissé különbözőek vagyunk?

Ön, Claude Vorilhon, elterjeszti majd az igazságot eredeti neve alatt, melyet lassanként behelyettesít majd a mi általunk Önnek adott névvel: "RAEL", melynek jelentése: "Isten fénye" vagy még pontosabban fordítva "Elohim fénye" vagyis " az aki Elohim fényét hozza". Elohim nagykövete, mivel valójában Ön lesz a mi földi nagykövetünk és csak az Ön földi nagykövetségébe fogunk hivatalosan leszállni. RAEL-t mondhatnánk egész egyszerűen "hírvivőnek" is.

Telepátia útján adattuk a "Ramuel" nevet fiának is, ami azt jelenti: "Annak a fia aki a fényt hozza", mivel valójában a mi nagykövetünknek, hírvivőnknek a fia.

Ezután elment mint az összes többi reggelen.

6

Az Új Parancsolatok

Zseniokrácia

Másnap újra találkoztunk és o folytatta mondanivalóját.
— Először is lássuk a politikai és gazdasági pontokat:

Kik által halad előre az emberiség? A zsenik által. Tehát arra kell törekedni, hogy a világ megbecsülje a zseniket és rájuk bízza a Föld irányítását. Mindeddig műveletlen és kegyetlen emberek váltották egymást a hatalmon, akik erejük által uralkodtak a többiek felett, a gazdagok, akinek elég pénzük volt ahhoz, hogy ezeket a kegyetlen embereket a saját szolgálatukba állítsák, a politikusok, akik reményeik csapdájába ejtették a demokratikus országok népeit, nem beszélve a katonákról, akik sikereiket a megszervezett brutalitásra alapozták. Az egyetlen embercsoport akit soha nem juttattak hatalomra, az éppenséggel az, amely által az emberiség előre haladt. Hogy a kereket találják fel, a töltényport, a robbanómotort vagy az atomot, a zsenik találmányaiból mindig a náluk kevésbé intelligens, éppen hatalmon lévő emberek húztak hasznot, a békés találmányokat gyakran gyilkos célokra használva.

Ezen változtatni kell!

Ennek érdekében meg kell szüntetni a választási és a szavazási rendszert, melyek jelenlegi formájukban teljesen alkalmatlanok az emberiség előbbre juttatására. Minden ember egy hatalmas testnek hasznos sejtje, melyet emberiségnek hívnak. A láb sejtjei nem szabhatják meg, hogy a kéz megfogjon-e egy tárgyat vagy sem. Az agynak kell döntenie és ha a tárgy jó, a láb is hasznát látja majd.

A lábnak viszont nincsen szavazati joga, mivel az o dolga, hogy az egész testet – melynek az agy is részét képezi – előremozdítsa, s nem tudja eldönteni, hogy a kéz által megfogandó tárgy jó-e vagy rossz. A szavazás csak akkor hasznos, amikor az ismeretek és az értelmi szintek egyenlőek. Kopernikuszt elítélték, mivel ostoba emberek többségében o volt az egyetlen aki elegendő értelemmel rendelkezett. Pedig a Föld nem a világ közepe mint ahogy az egyház hitte, s valóban a Nap körüli pályán mozog. Amikor az első autót feltalálták, ha szavaztattuk volna az embereket, hogy engedélyezzék vagy betiltsák-e az autók használatát, az emberek – akik mit sem tudtak és gúnyolódtak az autóról – válasza negatív lett volna, és még mind a mai napig lovas kocsin közlekednénk. Hogyan lehet mindezt megváltoztatni?

– Pszichológusaik képesek lesznek olyan teszteket összeállítani, mely által egy illető értelmi képességei és adottságai felbecsülhetők. Ezeket a teszteket gyermekkortól kezdve rendszeresen alkalmazni kell azért, hogy meghatározzák az alany tanulmányainak irányát és amikor az illető felelős korba kerül, véglegesen behatárolják "értelmi együtthatóját", melyet feltüntetnének azonossági és választói kártyáján. A nyilvánosságot érintő munkákra csak azoknak lenne joguk, akiknek értelmi együtthatója az átlagosnál 50% -kkal magasabb, és csak azok szavazhatnának akiknek együtthatója az átlagosnál 10%-kal magasabb. Ha mindez gyakorlatban lenne, a jelenlegi politikusok közül sokan nem gyakorolhatnák feladatukat. Ez egy teljesen demokratikus rendszer. Léteznek mérnökök, akiknek értelmi szintje az átlag alatt van, de jó memóriájuk segítségével egy halom diplomához jutottak, és vannak egyszerű munkás és paraszt emberek akiknek értelmi szintje 50%-kal meghaladja az átlagot… Ami jelenleg elfogadhatatlan, az az, hogy akit közönségesen "gyenge elméjűnek" neveznek, szavazati joga ugyanannyit ér mint egy zsenié, aki alaposan megfontolta döntését. Néhány kisvárosban az nyeri meg a választásokat, aki a legtöbb ital kínálja… és nem akinek a tervei a legérdekesebbek. Tehát legelőször is az értelmi kiválóságok szavazati joga legyen fenntartva, akiknek agya a legalkalmasabb a gondolkodásra és problémák megoldására. Ezek pedig nem feltétlenül azok, akik a legtanultabbak. Tegyék a zseniket a hatalomra, s ezt zseniokráciának nevezhetik.

Humanitárizmus

Második pont: világukat megbénítja a haszon utáni rohanás, és a kommunizmus sem képes bármit is ajánlani a népnek ahhoz, hogy annak kedve legyen a haladás érdekében erőfeszítéseket tenni. Mindenki egyenlőnek születik, ez is megtalálható a bibliai írásokban. A hatalmon lévő kormány feladata lenne, hogy elérje, hogy az emberek anyagi szinten is kb. egyenlőnek szülessenek. Elfogadhatatlan, hogy kevésbé értelmes gyermekek a szüleik által felhalmozott gazdagságban élnek, míg zsenik halnak éhen, és bármit elvégeznek azért, hogy enni tudjanak, így félre téve olyan elfoglaltságokat, melyek által az egész emberiség számára hasznos felfedezéseket tehetnének. Ezt elkerülendő, el kell törölni a magántulajdont, de a kommunizmus bevezetése nélkül. A világ nem az önöké, s ez is le van írva a Bibliában. Maguk csak bérlik azt. Így minden tulajdont csak bérelni lehet, negyvenkilenc évre. Ez eltörli az örökösödés igazságtalanságait. Az önök hagyománya, gyermekeik öröksége az egész világ, ha úgy szervezik életüket, hogy azt kellemessé tegyék. Az emberiségnek ezen politikai irányvétele nem a kommunizmus, s az emberiség jövőjével foglalkozik. Ha nevet akarnak adni neki, az legyen "humanitárizmus". Vegyünk egy példát: egy ember huszonegy évesen befejezte tanulmányait, be akar lépni az aktív életbe, szakmát választ és pénzt keres. Szülei még élnek, de ha lakni akar valahol, vesz -valójában negyvenkilenc évre kibérel – egy házat vagy egy lakást az államtól, melyet az építtetett. Ha a lakás száz-ezer frankra van felértékelve, ezt az összeget fogja kifizetni negyvenkilenc év alatt, havi törlesztésekben. Hetven éves korára (21+49) kifizette a házát s egészen haláláig lakhat majd benne anélkül, hogy bármit is fizetne. Halála után háza visszaszáll az államra, mely azt az illető gyermekeinek szabad használatára bocsájtja, ha egyáltalán volt az elhunytnak gyermeke. Tegyük fel, hogy egy gyermeke van, s az egész életén át élvezheti az atyai házat. Halálakor az o gyermekei használhatnák azt, és így tovább a végtelenségig. Teljesen el kell törölni az örökséget, kivéve a családi házét- Ez nem gátolja meg, hogy mindenki érdemei szerint legyen jutalmazva. Vegyünk egy másik példát: egy embernek két gyermeke van. Az egyik nagyon dolgos a másik lusta. Huszonegy évesen mindkettő elhatározza, hogy saját útjára lép. Mindkettő bérel egy 100000 Frankos házat. A dolgos hamarosan több pénzt keres int a lusta. Ekkor kibérelhet egy kétszer olyan drága házat mint az előző. Sőt, ha elegendő pénze van, bérelheti mindkettőt, s egyiket hétvégi háznak használhatja. Ha anyagi helyzete megengedi o maga is építhet házakat, azokat kiadhatja negyvenkilenc évre, hasznukat megtartva. De halálakor mindez visszaszáll a közösségre a családi ház kivételével, melyet gyermekei kapnának meg. Tehát egy illető meggazdagodhat érdemei szerint, de nem a gyermekei számára. Mindenkinek az jár amit érdemel. Aki elindít egy üzletet, az egész életében övé lesz s azt bérbe is adhatja, de nem több mint negyvenkilenc évre. A földművesek is bérelhetik földjüket negyvenkilenc évre, de azután az visszaszáll az államra, mely azt újra bérbe adhatja egy újabb negyvenkilenc évre. A gyermekek újra bérelhetik, ismét negyvenkilenc évre. Így kell, hogy legyen minden tulajdon esetében melyből haszon húzható. Ami pedig a dolgok értékét illeti, az nem változik. Részvények, arany, vállalatok, pénz vagy ingatlanok, minden aminek értéke van, a közösség tulajdona, de negyvenkilenc évre kibérelhető azok által, akik munkájuk eredményeként elegendő anyagi fedezettel rendelkeznek. Így egy ember aki negyven éves korára meggazdagodott, házakat építtethet, s a bennük található lakásokat negyvenkilenc évre bérbe adhatja, s az így szerzett jövedelmét haláláig élvezhet. Azután a bérlésekből származó pénz a közösségre száll. Ilyenfajta humanitárizmusról már a Bibliában is szó van:

"Számolj hét évhete, hétszer hét esztendőt vagy hét évhét idejét, negyvenkilenc évet."

" Ha eladsz vagy veszel népedtől valótól, ne csapd be testvéredet. A jubileumi esztendő óta eltelt évek száma szerint határozza meg az eladási árat. Minél nagyobb a hátralevő évek száma, annál jobban emeld az árat, s minél kevesebb az év, annál jobban csökkentsd. …"

"A föld eladás nem jelenti minden jog elvesztését, mivel a föld az enyém, ti meg csak jövevények és vendégek vagytok számomra."
(Leviták XXV-8)

Ha egy zseni lesz a hatalomra helyezve, o majd megérti e reformok hasznát. Egyidejűleg azt is el kell érniük, hogy a Föld népei egyetlen államot alapítva egyesüljenek.

Világkormány

Egy ilyen állam megalapításához egy új, nemzetközi pénznem és egy világnyelv megalkotása nyújthat segítséget. Senki sem beszéli már az auvergne-i nyelvjárást Clermont- Ferrand-ban, s hamarosan nem fognak franciául beszélni Párizsban, angolul Londonban, s németül Frankfurtban. Tudósaik és nyelvspecialistáik meg kell, hogy alkossanak egy új nyelvet, mely az összes többi nyelv alapjaira épül, s azt kötelezővé kell tenni a világ összes iskolájában, mint második nyelvet. A pénzzel kapcsolatban ugyanez áll fönn. A világ pénzegysége nem lehet a frank, sem a dollár, sem a yen, hanem egy új pénznem, melyet a világ szükségleteinek figyelembe vételével alkotnának meg anélkül, hogy bármelyik népet is megbántanák, amely azt kérdezhetné, miért a szomszéd ország pénzneme lett elfogadva, s nem az övé. Végül, egy ilyen egyesülés előidézője, a katonai szolgálat megszüntetése -mely csak az agresszivitásra hangolja a fiatal embereket s a hivatásos katonák, a közbiztonság szolgálatába való állítása. A biztonság szempontjából az elengedhetetlen, hogy ez minden országban egyszerre következzen be.

Az Ön Küldetése

Mint már említettem, tudjuk, hogy hivatalos érkezésünk sok mindent felgyorsítana. De várunk még ezzel addig, míg megbizonyosodunk, hogy az emberek valóban várják érkezésünket, hogy atyáikként szeretnek s tisztelnek minket, mert valóban azok vagyunk... és hogy gépeinket nem fenyegetik az önök romboló fegyveres erői.

Ennek érdekében hirdesse világszerte, hogy találkozott velem, s mondja el nekik amit tőlem hallott. A bölcsek meghallgatják majd. Sokan bolondnak vagy szélhámosnak tartják majd, de már szóltam róla, hogyan vélekedjen a tudatlan többségről. Ön tudja az igazságot s mi telepatikus kapcsolatban maradunk Önnel, hogy tovább reménykedjünk és hogy szükség esetén újabb információkat adjunk. Azt szeretnénk tudni, hogy van-e elegendő bölcs ember a Földön. Ha nagy számban akadnak követőink, egy napon visszajövünk. Hová? Arra a helyre melyet ön berendezett fogadásunkra. Építtessen egy rezidenciát egy kellemes enyhe klímájú országban. Legyen benne hét, a vendégek fogadására mindig készen álló szoba saját fürdőszobává, egy tárgyaló terem legalább huszonegy személy számára, egy medence s egy huszonegy személyes ebédlő. Mindez egy park közepébe építve, a nemkivánt tekintetektől elzárva. Az egész park fallal legyen körbevéve, mely eltakarja a medencét és az épületet. Az épület kb. 1000m-re legyen a faltól, mely azt körbeveszi. Maximum egy emeletes legyen, s egy növény-függöny takarja el a körülvevő falaktól, melyeken két kapu legyen. Az egyik észak a másik dél felé. Az épületen is két bejárat legyen. Tetején terasz, melyre egy tizenkét méter átmerőjű gép leszállhat. Egy, a teraszról nyíló bejárat elengedhetetlen. A rezidencia fölött és környékén lévő légi területet semmiféle katonai szerkezet vagy radar ne őrizze. Próbálja elérni, hogy az a terület ahol a rezidencia felépül s mely az előírtaknál nagyobb is lehet, a nemzetek, valamint a befogadó ország által semlegesnek legyen nyilvánítva a mi földi nagykövetségünk címén. A rezidenciát az ön irányítása alá helyezzük, ott élhet majd családja társaságában, és az ön által kiválasztott szolgálókkal és meghívott vendégekkel. Minden esetre a hét szobát magában foglaló résznek közvetlenül a terasz alatt kell lennie, s azt egy belülről zárható, állandóan zárva tartott vastag fémajtóval kell elválasztani az emberek által használt területektől. A tárgyalóterem bejárata elé építtessen egy fertőtlenítő zsilipet.

E terv finanszírozását azok segítségével éri majd el, akik hisznek önnek, tehát nekünk, akik bölcsek és intelligensek. Érkezésünkkor mindezeket megjutalmazzuk majd. Készítsen tehát listát azokról akik anyagilag hozzájárulnak — bármilyen kis mértékben is — az építkezéshez vagy az épület karbantartásához, s jelöljön ki világszerte minden országban egy felelőst, aki hirdeti majd az igazságot s egyesíti az embereket, hogy azt terjesszék.

A rezidenciától nem messze egy hegyen hívja össze minden évben azokat az embereket, akik ezen írások megismerése óta várják érkezésünket. Legyenek a lehető legnagyobb számban s gondoljanak erosen ránk, érkezésünket kívánva. Amikor majd elég nagy számban lesznek, s elég erosen kívánnak látni minket, vallásos rejtelmesség nélkül, tudatos, a teremtőit tisztelő emberekként, visszajövünk majd a nagy napon s átadjuk az embereknek tudományos örökségünket. Mindez bekövetkezik majd, ha a harcias magatartás a tehetetlenség szintjére lesz csökkentve. Ha az emberek szeretete az élet és mi irántunk – így önmaguk iránt – elég nagy lesz, akkor majd eljövünk. Mi várunk. De ha az ember agresszív marad és más világok számára veszélyes irányban halad, megsemmisítjük ezt a civilizációt és a tudományos gazdagság központjait melyek "Szodoma és Gomorra" sorsára jutnak arra várva, hogy az emberiség erkölcsileg méltó legyen tudományos szintjére. Az ember jövője a saját kezében van, s az igazság az Önében.

Hirdesse világszerte és ne bátortalanodjon el. Nem segítünk majd Önnek nyíltan, sem bármilyen módon, mely bizonyítékul szolgálhat a szkeptikusoknak, mivel a szkeptikusság gyakran agresszivitással társul. Az értelmes emberek hisznek majd önnek, mivel nincs semmi rejtelmes abban amit mond majd nekik. Számunkra az mindennél fontosabb, hogy kézzelfogható bizonyítékok nélkül higgyenek önnek. Mindez az intelligenciát mutatja, s hogy méltóak tudományos örökségünkre.

És most menjen, nem feledkezünk meg önről ha sikerrel jár. Életében sőt még azután sem, ha jövetelünkkel meg kell várniuk utódaik korát, mert tudományos úton újra tudjuk éleszteni Önt és mindazokat, akik a teremtők szeretete által a zsenialitás útjára terelték az emberiséget – azzal a feltétellel, hogy maradványaik sírokban legyenek megőrizve.

Az egyetlen segítség az lesz, hogy mostantól kezdve egyre sűrűbben jelenünk majd meg azért, hogy felhívjuk az emberek figyelmét és kedvet adjunk nekik az Ön által átadott igazság megismerésére. Apránként az egyre gyakoribb megjelenésekkel felébresszük majd a közérdeklődést, hogy ez ne váltson ki tudatlan imádatot – hanem egy mélységes óhajt arra, hogy kapcsolatba léphessenek velünk.

Szervezetét a *Raeliánus Mozgalom*-nak nevezi majd.

7

Elohim

Az Atombomba

Mielőtt az utolsó alkalommal elválnánk egymástól, vannak-e kérdései?

– Ezékiel látomásaiban olyan emberekről beszélt, akik szkafandert viselnek, mivel az önök bolygójának légköre nem egyezik meg a földivel. Hogyan lehetséges az, hogy jelenleg nem visel ilyen űrruhát?

– Mivel mi is folytatjuk a tudományos haladást, s most már nincs rá szükségünk. Önnek úgy tűnik, hogy arcomat a szabad levegő éri, valójában pedig egy taszító sugarakból összeállított láthatatlan szkafander védi azt, s melyen belül és más levegőt lélegzem mint Ön. Ezek a sugarak átengedik a hullámokat, de az oxigénmolekulákat nem. Ez ahhoz hasonlítható, mint amikor a kikötőben buborékokat képeznek azért, hogy megakadályozzák az olaj kijutását.

– Veszélyt jelent-e az atombomba az emberiség számára?

– Igen, komoly veszélyt. De számunkra ez segítséget nyújt majd, ha le akarjuk rombolni ezt a civilizációt az esetben ha az emberek nem válnak bölccsé és békéssé. Lehetséges, hogy ok elpusztítják saját magukat. Ha ok nem teszik meg de veszélyessé válnak számunkra, elegendő lesz, hogy felrobbantsuk bombakészleteiket anélkül, hogy támadó fegyvereket küldenénk ellenük. Ezt megtehetnénk vagy sugárzással vagy a telepátia segítségével úgy, hogy az egyik nagyhatalom vezetője váljék támadóvá, s ez automatikusan kiváltana egy végleges visszavágást. Ha az emberek nem akarják kitenni magukat ennek a veszélynek, elegendő, hogy a katonaság visszavonja atomfegyvereit. Óvatosan használt hatóerejük által energiát adhatnának azoknak az országoknak, melyek abban szűkölködnek, s ezáltal nagy haladást érhetnének el. Sürgősen le kellene állítani a nukleáris kísérletezéseket, mert nincsenek tisztában vele minek teszik ki magukat. Ellenben ha az emberek folytatják az atomfegyverekkel való játszadozást, az – szükség esetén – leegyszerűsíti majd a mi dolgunkat.

– Élnek nők az önök bolygóján?

– Igen, a Bibliában szó van róla és fel is jegyeztettem önnel a kérdéses fejezetet.

– Vannak gyerekeik is?

– Igen, Ugyanúgy lehetnek gyerekeink ahogy önöknek.

Túlnépesedés

– De arról beszélt nekem, hogy önök olyasféle halhatatlanok. Hogyan védekeznek a túlnépesedés ellen?

– Valóban, ez a kérdés hamarosan felmerül majd a Földön. Ennek megoldására -s ezt azonnal véghez kell vinni mivel elég nagy számban vannak már- ki kell fejleszteni a fogamzásgátlást és szigorú törvényeket hozni, mely csak két gyermeket engedélyez a nőknek. Ha kettő egyenlő kettővel, a népesedés nem fog tovább növekedni. Megfigyeljük majd, hogyan oldják meg ezt a problémát. Ez is egy intelligencia teszt, hogy kiérdemlik-e örökségünket. Íme a megoldás az önök – akik átlagéletkora 75 év -jelenlegi problémájára. Természetesen a mi számunkra a probléma másképp vetődik fel. Nem vagyunk halhatatlanok. Egy kis sebészeti beavatkozás -a bibliai élet fa – segítségével tízszer hosszabb ideig élhetünk mint önök. Vannak gyermekeink s az előbb említett szabályt alkalmazzuk: 2 szülő, 2 gyerek, s ez által népességünk állandó.

– Hányan vannak?

– Kb. 7 milliárdan.

– Hat napon keresztül találkoztunk, minden nap visszament bolygójukra?

– Nem. Egy bolygóközi űrhajóra mentem, mely állandóan földközelben van és bázisul szolgál.

– Hányan vannak ezen az űrhajón?

– Heten, mivel bolygónkon hét tartomány van. Minden tartomány egy képviselője megtalálható az űrhajón. Ha hozzáadjuk az űrhajó két felelősét, az állandó létszám kilenc.

– Mi történik majd, ha az emberek pontosan azt teszik amit önök kívánnak?

– Hivatalosan eljövünk majd az ön által épített rezidenciába, ahova ön által meghívatjuk a legfontosabb országok képviselőit azért, hogy elérjük a Föld népeinek teljes egyesülését. S ha mindez rendben folyik le, lassanként megosztjuk tudásunkat az emberiséggel. Megfigyelvén hogyan hasznosítják azt, meglátjuk átadhatjuk-e minden ismeretünket, s ezáltal átengedjük önöket az "űrkorszakba" a mi huszonöt-ezer évnyi tudományos előnyünkkel örökségként.

– Az önök világa az egyetlen, mely ilyen tudományos szinttel rendelkezik?

– A világűrnek ezen a részén igen. Megszámlálhatatlan, az emberhez hasonló lények által lakott világ létezik, melyeknek tudományos szintje alacsonyabb a mienkénél de jóval magasabb az önökénél. Azért félünk az elpusztulástól, mert nem találtunk a mienkéhez hasonló fejlettségű civilizációt. Sok más bolygóval tartunk fenn gazdasági kapcsolatot, melyeken valószínűleg a mienkéhez hasonló tudományos szinttel rendelkező emberek teremtették az életet, s ezt az ott található vallásos írások bizonyítják. Sajnos nem találhattuk meg a legközelebbi teremtő civilizációt. Talán távolabb megtaláljuk majd, mivel folytatjuk a keresést egyre távolabb. A leggyakrabban bolygójuk túlságosan közel került napjukhoz, vagy napjuk felrobbant, vagy túlságosan kihűlt s az élet lehetetlenné vált. Emiatt, bár semmi rendelleneset nem vettünk eddig észre, a legrosszabbtól tartunk.

– Önöknél tehát nincsen vallás?

– Egyetlen hitünk az emberi tudás. Csak ebben hiszünk, s különösen szeretjük teremtőink emlékét, akiket soha nem láthattunk viszont, s nem találtuk meg világukat. Valószínűleg eltűntek. Elővigyázatosságból a bolygónk körüli pályára állítottak egy hatalmas gépet, mely magában foglalta összes tudásukat, s mely automatikusan leszállt bolygónkra, amikor az övéké megsemmisült. Ennek köszönhetően átvettük a tudás fáklyáját, melyet szeretnénk a földi embereknek átadni.

– És ha az önök bolygója megsemmisülne?

– Ugyanez a folyamat lett tervbe véve, mely automatikusan átadja Önöknek örökségünket, ha bolygónk elpusztulna.

Az Öröklét Titka

– Tízszer olyan hosszú ideig élnek mint mi?

– Testünk átlagosan tízszer olyan hosszú ideig él, mint a maguké, ugyanúgy amint a Biblia első emberei. Hétszázötven és ezerkétszáz év között. De elménk, tehát valódi személyiségünk valóban halhatatlan lehet. Elmagyaráztam önnek, hogy egy test bármely sejtjéből újra teremthetjük az egész lényt, új anyagok segítségével: amikor képességeink teljes birtokában vagyunk s agyunk is legnagyobb teljesítményét nyújtja, sebészeti úton kivetetünk testünkből egy parányi részecskét, melyet megőrzünk. Amikor meghalunk, e kis részecskéből kivonnak egy sejtet, melynek alapján újra teremtik az egész testet olyannak, mint amilyen abban az időben volt vagyis minden tudományos ismeretével és személyiségével. De a test új anyagokat tartalmaz s ezer év áll előtte. És ez így folytatódik a végtelenségig. De a túlnépesedés elkerülése végett csak a zseniknek van joguk az efféle örök élethez. Bolygónk minden lakosa kivetet testéből egy részecskét egy bizonyos korban és reméli, hogy halála után "újra születhet". Remélik, s úgy élnek, hogy kiérdemeljék ezt a feltámadást. Az örökkévalók tanácsa minden évben összeül egy "utolsó ítéletre", hogy eldöntsék kik azok akik az utolsó évben meghaltak s megérdemelnek még egy lehetőséget. Három életen át az illető próbaidejét tölti s ezután az örökkévalók tanácsa összeül, s az illető munkájának fényében eldöntik, kiérdemli-e, hogy az örökkévalók tanácsának örökös tagja legyen. Attól a pillanattól kezdve, hogy egy új életet kívánunk, nincs jogunk ahhoz, hogy gyermekeink legyenek. Természetesen ez nem akadályozza meg a szerelmet. Ezáltal érthető, hogy miért akartak a tudósok, akik az örökkévalók tanácsának tagjai voltak, más bolygókon életet teremteni.

– Hogyan nevezik magukat?

– Ha nevet akar adni nekünk, bár a mi nyelvünkön embereknek hívjuk magunkat, nevezzen minket "Elohim"-nak, mivel az "égből jöttünk".

– Milyen nyelven beszélnek bolygójukon?

– Hivatalos nyelvünk nagyon hasonlít a régi héber nyelvhez.

– Minden nap itt beszélgettünk. Nem félt attól, hogy más emberek meglepnek minket?

– Egy automatikus rendszer azonnal figyelmeztetett volna, ha valaki veszélyes közelségbe kerül akár a levegőben akár a földön.

– Hogyan élnek és dolgoznak az emberek önöknél?

– Gyakorlatilag csak szellemi munkát végzünk, mivel tudományos szintünk megengedi, hogy robotokat alkalmazzunk mindenre. Csak akkor dolgozunk amikor kedvünk van hozzá és akkor is kizárólag az agyunkkal. Csak a művészek és sportolók "dolgoznak" testükkel, de ez az o választásuk. A nagyon kifejlesztett atomenergia csaknem kimeríthetetlen, különösen mióta felismertük az atom, zárt rendszerben történő alkalmazását, és a napenergiát. Ezen kívül más energiahordozóink is vannak. Nem feltétlenül az urániumot alkalmazzuk atomreaktorainkban. Léteznek egyszerűbb és kevésbé veszélyes anyagok is.

– De ha olyan sokáig élnek, s nem dolgoznak, nem unatkoznak?

– Nem, mivel mindannyian olyan dolgokat csinálunk amit

szeretünk, s főleg szerelmeskedünk. Szépnek találjuk asszonyainkat és ki is használjuk az adódó alkalmakat.

– A házasság létezik?

– Nem. A nők és a férfiak szabadok. Vannak párok, mert akik úgy döntenek, hogy együtt akarnak élni, megtehetik, de akármikor visszavehetik szabadságukat. Nálunk mindenki szeret mindenkit. Az irigység nem létezik mivel mindenki hozzájuthat mindenhez és nincsen magántulajdon sem. Ellenben számos orvosunk rendszeres szellemi felülvizsgálatot végez. Akiknél a legkisebb elmezavar mutatkozik – mely olyan cselekedetekhez vezethet amely mások szabadságát gátolhatja vagy életét veszélyezteti – azonnali kezelés alá kerülnek, mely visszavezeti őket az egyenes útra.

– Le tudná írni egy átlag ember egy napját önöknél?

– Reggel felkel, letisztálkodik – nálunk mindenhol találhatók medencék – megreggelizik, majd azt teszi amihez éppen kedve van. Mindenki "dolgozik", de azért mert kedvük van hozzá, ugyanis a pénz nem létezik. Ezért akik dolgoznak mindig tökéletesen végzik dolgukat mivel önszántukból teszik azt. Csak az örök-életűeknek vannak pontosan meghatározott feladataik, mint pl. azon elektronikus agyak és komputerek ellenőrzése, melyek olyan alapvető szükségleteket látnak el, mint pl. az energia és az élelmiszerek felügyelete s megszervezése stb. A 7 milliárd lakosból mindössze hétszázan örökéletűek, akik a többiektől teljesen elkülönítve élnek. Meg van a kiváltságuk, hogy örökéletűek legyenek, de kötelességük, hogy a többiekről gondoskodjanak, akik nincsenek munkára kényszerítve. Ehhez a hétszáz örök-életűhöz hozzá kell adni még kétszáztíz" próbaidőst" – évente kb. hetven vagyis tartományonként tíz. A hétmilliárd lakosra mindössze negyvenmillió gyerek jut. Csak felnőtt korukban – az illetőtől függően tizennyolc és huszonegy között – vetik alá magukat az operációnak, mely által hétszázötven évig élhetnek. Ettől kezdve nekik is lehetnek gyermekeik. Ez okozza, hogy a legidősebb lakosaink az ötvenedik generációig ismerik leszármazottaikat. A hétmilliárd lakosból kb. Egymillió van tétlenül s majdnem mindnyájan orvosi kezelés alatt állnak elmekárosodás miatt. E kezelés kb. hat hónapig tart. Az emberek nagy része érdeklődik a művészetek iránt, festenek, szobrászkodnak, zenélnek, írnak, filmeket forgatnak, sportolnak stb. Nálunk "szabadidő társadalom" van a szó szoros értelmében. A városok általában nagyon kis helyet foglalnak el és kb. ötszáz-ezer lakosúak. Ez valójában egy hatalmas ház amely a magasba mered, s melyben az emberek aludhatnak, szerethetik egymást vagy azt tehetik amihez éppen kedvük van. Ezek a "ház-városok" kb. egy kilométer szélesek és magasak, s minden irányban közlekedésre használt hullámok szelik át őket. Magára kapcsol egy övet, amivel belép a sugár-áramlatba, s ez nagyon gyorsan elviszi oda ahova menni akar. A városok olyanok mint egy nagy kocka, így nem kebelezik be a természetet, mint ahogy ez önöknél van. Egy ötszáz-ezer lakosú város önöknél hússzor nagyobb területet foglal el mint nálunk. Ennek eredménye, hogy amikor a szabadba akarnak menni, az többórás útba telik, míg minálunk néhány másodpercbe. Egy várost teljes egészében ugyanaz az építész tervez meg azért, hogy kellemesebb látvány legyen és jobban beilleszkedjen a környezetbe.

– De azok az emberek akiknek semmi dolguk nincs, nem unatkoznak?

– Nem, mivel sokféle elfoglaltságot ajánlunk nekik. Az emberek valódi értékét elismerjük s mindenki meg akarja mutatni, hogy hasznos. Hogy az a művészetekben legyen, a tudományokban, vagy a sportban, mindenki tündökölni akar azért, hogy örök-életű legyen, vagy egyszerűen csak azért hogy elnyerje a közösség – vagy egy hölgy – csodálatát. Néhányan szeretik a kockázatot, s ha a halál veszélyétől megfosztanánk őket, elvesztenék életörömüket. Ezért a veszélyes sportok különösen elterjedtek. Akármilyen sérültet életre tudunk kelteni, de azok akik e sportokat gyakorolják csak akkor tehetik azt, ha előzőleg írásban elfogadják, hogy nincs szükségük ápolásra ha sporttevékenységük közben elhaláloznak. Van pl. egyfajta autóversenyünk mely Önt nagyon fellelkesítené, de ettől hevesebb játékok is mint a boksz, sőt még brutálisabbak is a rugby stílusában, melyet meztelenül játszanak s minden fogás engedélyezett, boksz birkózás stb. Mindez barbárnak tűnhet, de ne feledje el, hogy minden szélsőséget egyensúlyban kell tartani ahhoz, hogy a bukást elkerüljük. Egy nagyon fejlett civilizációban is kell, hogy legyenek primitív ellensúlyok. Ha népünknek nem lennének ideáljaik kedvenc sportjaikban, csak egy dologhoz lenne kedvük, meghalni. Tisztelni kell mások életét, de tisztelni kell azt a vágyukat is, hogy meghaljanak vagy a halállal játszanak jól behatárolt kereteken belül. Létezik nálunk egy évenkénti verseny, ahol minden sportágban kiválasztjuk a legjobbakat az örök életre. Mindenki csak ezért él. Minden évben, hogy az a festészetben legyen vagy az irodalomban, biológiában vagy gyógyászatban, vagyis minden specialitásban ahol az emberi elme kifejezheti magát, versenyt szerveznek minden tartományban az ottani örökéletűek szavazatával. A győztesek a fővárosba mennek, hogy ott alávessék magukat az örök-életűekből álló zsűri szavazatának, mely kijelöli a bajnokokat, akiket végül is bemutatnak az örökéletűek nagy tanácsának. Ok aztán kiválasztják azokat, akik megérdemlik, hogy próbaidősökké váljanak. Ez mindenkinek az ideálja, célja. A szórakozás primitív látszatot kelthet amikor a végső cél ilyen magas.

– Tehát az örökéletűek élete teljesen különbözik a többi lakosétól?

– Természetesen. Elkülönítve élnek a számukra fenntartott városokban, s rendszeresen üléseznek, hogy döntéseket hozzanak.

– Hány évesek a legöregebbek?

– A legidősebb, az örökéletűek tanácsának elnöke huszonötezer éves, s Önnel szemben ül. Mostanáig huszonöt testben éltem, s és vagyok az első, akin ezt a kísérletet végrehajtották. Ezért vagyok én az örökéletűek tanácsának elnöke. Én magam vezettem a földi élet teremtését.

– Valószínűleg felmérhetetlen tudással rendelkezik!

– Igen, nagy tudást halmoztam fel, s már nem tudnék sokkal többet elraktározni. S ezen a téren a földi ember talán felénk kerekedik majd, mivel agyának az a része mely az ismeretek tárolására szolgál, a memória nagyobb. Az emberek tehát több tudást halmozhatnak föl s ezáltal messzebb juthatnak tudományos téren, ha erre módjuk van. S ez félemlíti meg az örökéletűek tanácsának ellenzékét. A földi ember gyorsabban haladhat, ha semmi nem gátolja meg abban.

Oktatás Vegyi Úton

– Tehát a diákoknak hatalmas tudást kell felhalmozniuk s az rengeteg időbe telik.

– Nem, mivel komoly egy komoly találmány segítségével, melyet a földi tudósok is kezdenek sejteni, egy tanuló, sebészeti úton "megtanulhatja" leckéit. Tudósaik mostanában ismerték fel, hogy ha egy patkány agyába befecskendeznek egy másik, betanított patkány agyának memóriafolyadékából, a nem oktatott patkány tudni fogja azt amit a másik megtanult. Átadhatjuk az ismereteket az agy memória anyagának befecskendezésével, így gyermekeinknek gyakorlatilag nincs munkájuk. Rendszeresen alávetik magukat ezen operációnak, melyhez az anyagot olyan alanyoktól veszik le, akik rendelkeznek az oktatáshoz szükséges információkkal. Így a gyerekek csak érdekes dolgokkal foglalkoznak, melyeket ok maguk választanak. Képzeletben átalakítják a világot, a sportokban és a művészetekben bontakoznak ki.

– Önöknél soha nincs háború a tartományok között?

– Soha. A sportversenyek eléggé fejlettek ahhoz, hogy megsemmisítsék a harci ösztönt. Egyébként az a tény, hogy a fiatalok kockáztathatják életüket olyan játékokban ahol minden egyes alkalommal több halott is van, pszichológiailag megsemmisíti a háborús ösztönt, megengedvén azoknak, akiknél ez utóbbi túl erős, hogy saját életük kockáztatásával kielégíthessék eme vágyaikat anélkül, hogy veszélybe sodornák azokat akik ezt nem akarják.

– Az önök világának hét népe mind hasonló?

– Nem. Ugyanúgy mint önöknél, különböző fajták és kultúrák léteznek. A tartományok a fajtákhoz és azok kultúrájához idomulva lettek kialakítva, tiszteletben tartva mindegyik szabadságát és függetlenségét

– Lehetséges-e, hogy egy földi ember meglátogassa az önök bolygóját?

– Igen, elegendő lenne, hogy felvegye az ön légzéséhez alkalmas szkafandert, s eljöhetne. Szkafander nélkül élhetne azon a területen, ahol létrehoztuk a földi légkört és ahol a többi földi ember él, mint pl. Mózes, Illés, Jézus-Krisztus és teremtésünk sok más élő tanúja, akiket ha eljön az idő, visszavihetünk a földre, hogy az ön állításait alátámasszák.

– Miért nem hozzák vissza őket azonnal?

– Mert az önök hitetlen világában, ha Jézus-Krisztus visszajönne, az őrültek házába lenne bezárva. Képzeljen el egy embert, aki megérkezik önök közé és azt állítja, hogy o a Krisztus. Csak gúnyolódást okozna és nagyon hamar bezárnák. Ha tudományos csodákat téve közbelépnénk, hogy alátámasszuk kilétét, az újra indítaná az istenhitet, a misztikum és a természetfeletti csodálatát, amit mi szintén nem szeretnénk.

Ekkor a kis ember utolsó ízben elköszönt tőlem, miután azt mondta, hogy csak akkor fog visszajönni, amikor a tőlem kért feladatokat elvégeztem. Ezután fölment a gépébe, mely fölszállt és eltűnt mint a többi reggelen.

A Raeliánus Mozgalom

Micsoda történet! Micsoda feltárás!

Mikor hazaértem, rendet tettem jegyzeteim között, sorba raktam és átmásoltam őket, s felismertem a rám bízott küldetés hatalmasságát, s a kevés lehetőséget arra, hogy azt jól elvégezzem. De mivel nem szükséges reménykedni ahhoz, hogy belevágjak, elhatároztam, hogy megteszem amit kértek tőlem. Legrosszabb esetben illumináltnak, bolondnak néznek majd. Végül is ha illuminált (megvilágosodott) azt jelenti "az akit felvilágosítottak", akkor ezt örömmel vállalom. Jobb egy felvilágosított bolondnak lenni, mint egy tudatlan elmésnek. Szeretném leszögezni a szőrszálhasogató szkeptikusok előtt, hogy nem iszom alkoholt és köszönöm, nagyon jól alszom éjjel. Nem lehet hat napon keresztül erről álmodni és ezt az egészet kitalálni.

Önöknek, akik nem hisznek nekem, azt mondom: nézzék az eget és egyre több olyan jelenséget fognak látni, melyet sem a tudósok, sem a katonák nem tudnak megmagyarázni máshogy, mint a bőrüket mentő gagyogással, mert attól félnek, hogy elvesztenék helyüket, ha az igazság nem az o zárt körüknek egyik tagjától származna. Hogy lehet, hogy egy tudós ne tudná mindezt? Mint azok akik elítélték Kopernikuszt mert azt merte állítani, hogy nem a Föld a világ közepe, s nem fogadták el, hogy más mint ok, felfedezze ezt.

De önök mindnyájan, akik láttak már azonosítatlan repülő tárgyakat amikre ráfogták, hogy délibáb, hőlégballon vagy hallucináció, önök mindnyájan akik nem mernek beszélni a kigúnyolástól tartva, csak összecsoportosulva beszélhetnek szabadon.

Ez a feltárás olyan jóérzéssel és belső békével töltött el engem ebben a világban, ahol már nem tudunk miben hinni, ahol már nem hiszünk a fehér szakállú "jó Istenben", sem a patás ördögben, és ahol a tudósok nem tudnak megfelelő magyarázatot adni eredetünkre és életcélunkra. E feltárás fényében minden megvilágosodik és egyszerűnek tűnik. Elgondolni azt, hogy valahol a világmindenségben emberek élnek akik minket saját képükre teremtettek, akik szeretnek minket, s mind emellett attól tartanak, hogy teremtményeik "lekörözik" őket, hát nem megható? Különösképpen ha arra gondolunk, hogy nemsokára ránk kerül a sor, hogy más bolygókon új élet teremtésével hozzájáruljunk az emberiség fejlődéséhez, melynek mi is és ok is tagjai vagyunk.

Íme elolvasta ezt a könyvet melyben megpróbáltam a legegyszerűbben leírni mindazt amit hallottam. Talán azt gondolja majd, hogy túláradó képzelőerőm van és ez az iromány mindössze szórakoztatta önt – ezt mélységesen sajnálnám. De ha ez a feltárás visszaadta önnek a bizalmat a jövőben, miáltal megértette az ember teremtésének és életcéljának titkait, így válaszolva azon kérdésekre melyeket gyermekkorunk óta felteszünk éjjelente:

miért élünk s mire szolgálunk itt a Földön, akkor boldog lennék.

Végül, ha megértették, hogy minden amit leírtam, az a tiszta igazság, és ahogy én is azt kívánják, hogy a lehető leghamarabb viszontláthassuk ezeket az embereket akik átadják nekünk örökségüket, ha segíteni akarnak abban, hogy véghezvigyem amit kértek tőlem, akkor beteljesítettem küldetésemet. Ebben az esetben írjon nekem s örömmel fogadjuk majd a Raeliánus Mozgalomban, felépítjük majd a kívánt rezidenciát, és mikor elég nagy számban leszünk világszerte, hogy tisztelettel és szeretettel várjuk azok visszatérését akik teremtettek minket és akik mindezt kiérdemlik, akkor visszajönnek majd és hasznunkra bocsájtják hatalmas tudásukat.

Önök mindannyian akik hisznek Istenben vagy Jézus-Krisztusban, igazuk volt hinni bennük még akkor is, ha azt gondolták, hogy ez nem egészen az amit el akartak hitetni magukkal, de mégiscsak volt valami igazság benne. Igazuk volt, hogy hittek az írásokban, de tévedtek az egyház támogatásában. Ha most folytatják arra költeni pénzüket, hogy a kardinálisoknak minél szebb ruháik legyenek, továbbra is elnézik, hogy a katonaság létezik s az atommal fenyegetőzik az önök költségén, az azt jelenti, hogy az aranykor melyhez most jogunk lenne, nem érdekli önöket és primitívek akarnak maradni.

Ellenben, ha részt akarnak venni – passzívan vagy aktívan – lehetőségeikhez mérten, a Raeliánus Mozgalom megszervezésében, fogjanak tollat és írjanak nekem. Hamarosan leszünk annyian, hogy kiválaszthassuk a földdarabot ahol a rezidencia felépül majd.

Ha még mindig kételkednek, olvassák az újságokat és figyeljék az eget. Meglátják majd, hogy a misztikus szerkezetek megjelenése egyre sűrűbb lesz, hogy megadják önöknek a bátorságot az íráshoz.

Olvassa el e könyv folytatását melyben Rael elmeséli Elohim bolygójára való utazását, s átadja a második üzenetet melyet egy évvel később kapott tőlük.

RAEL
Nemzetközi Raeliánus Mozgalom
Case postale, 225
CH-1211 Genève 8,
Svájc

Zemináriumok És Elérhetöségek

Minden évben számos szemináriumot tartanak szerte a világon, ahol Raeliánusok gyűlnek össze, hogy meghallgassák az Elohim, Rael próféta által közvetített tanításait. Ha szeretne részt venni egy ilyen szemináriumon vagy szeretne érintkezésbe lépni önhöz közel élő Raeliánusokkal, vegye fel a kapcsolatot az egyik helyi Raeliánus mozgalommal (lásd lejjebb). A teljes listáért (több mint 86 országban léteznek helyi csoportok), látogasson el a honlapunkra: www.rael.org.

HUNGARY
hungary@rael.org

AFRICA
05 BP 1444, Abidjan 05
Ivory Coast
Africa
Tel: (+225) 07.82.83.00
E-Mail: africa@intelligentdesignbook.com

AMERICAS
P.O. Box 570935
Topaz Station
Las Vegas, NV
89108
USA
Tel: (+1) 888 RAELIAN / (+1) 888 723 5426
E-Mail : usa@intelligentdesignbook.com
E-Mail: canada@intelligentdesignbook.com

ASIA
Desukatto Shinjuku Nishiguchi Ten MB6
Matsuoka Central Bldg. 3F
Tokyo-To, Shinjuku-Ku
Nishi-Shinjuku 1-7-1
Japan 160-0023
Tel: (+81)3 5348 3866
Fax: (+81)3 5348 3910
E-Mail: asia@intelligentdesignbook.com

EUROPE
P.O. Box 176
1926 Fully
Switzerland
Tel: +41 27 746 30 20
E-Mail: europe@intelligentdesignbook.com

MIDDLE EAST
P.O.Box 25415
Tel Aviv 61253
IsRael
Tel : +972 3 699 9869
E-Mail: middle-east@intelligentdesignbook.com

OCEANIA
P.O. Box 2387
Fountain Gate
Victoria, 3805
Australia
Tel: +61(0)409 376 544
Tel: +61(0)419 966 196
E-Mail oceania@intelligentdesignbook.com

www.ingramcontent.com/pod-product-compliance
Lightning Source LLC
Chambersburg PA
CBHW061003050726
47592CB00003B/1325